국내 **최초**로 현직 유치원 교사 6인이 유치원 교사를 위해 만든

요즘 유치원 교사를 위한
에듀테크 활용법

캔바 / 패들렛 / 네이버 / 구글 / 태블릿 활용법

- 학급운영
- 수업자료
- 디지털 놀이 자료
- 바닷속 한글놀이
- 액티브 아케이드
- 오토드로우
- 퀵드로우
- 북크리에이터
- ZOOM
- 애니메이티드 드로잉

쉬운 설명
누구나 따라할 수 있는
에듀테크별
25가지 실습

바로 활용
수업자료, 학급운영에
바로 활용하는
75가지 사례

완전 꿀팁
유치원 교사 6인의
실전 노하우와
완전 꿀팁

알찬 내용
교실에서
바로 활용할 수 있는
내용만 엄선

요즘 유치원 교사를 위한
에듀테크 활용법
캔바 / 패들렛 / 네이버 / 구글 / 태블릿 활용법

초판 1쇄 인쇄 | 2025년 11월 30일

지 은 이 | 전서아, 김혜지, 김은자, 배수나, 전진형, 김진영 공저
발 행 인 | 김병성
발 행 처 | 앤써북
주　　소 | 경기도 파주시 탄현면 방촌로 548번지
전　　화 | (070)8877-4177
팩　　스 | (031)942-9852
등　　록 | 제382-2012-0007호
도 서 문 의 | answerbook@naver.com

I S B N | 979-11-93059-68-5 13370

이 책은 저작권법에 따라 보호받는 저작물이므로 무단 전재와 무단 복제를 금하며, 이 책 내용의 전부 또는 일부를 사용하려면 반드시 저작권자와 앤써북 발행인의 서면동의를 받아야 합니다.

※ 책값은 뒤표지에 있습니다.
※ 잘못된 책은 구입한 서점에서 바꿔 드립니다.

머리말

　에듀테크의 활용은 교사의 선택이 아니라 교육의 흐름이 되었습니다. 디지털 기술의 확산으로 수업 환경이 달라지고, 교사에게 요구되는 역할도 확장되고 있습니다. 이 책은 현장에서 에듀테크를 직접 적용한 경험을 바탕으로 수업에 활용할 수 있는 구체적인 방법과 사례를 담았습니다. 에듀테크는 교사의 역할을 대신하는 기술이 아니라, 수업을 확장하고 지원하는 하나의 도구라고 생각합니다. 이 책이 교실에서 새로운 가능성을 모색하는 선생님들께 작은 도움이 되기를 바랍니다.

전서아

　처음 디지털 도구가 유치원 현장에 들어왔을 때 '정말 우리 아이들과 함께 사용할 수 있을까?'라는 생각이 먼저 들었습니다. 하지만 변화는 시작되었고, 어느새 에듀테크는 유아들의 경험을 더욱 풍부하게 만들어 주는 또 하나의 교육적 접근임을 깨닫게 되었습니다. 그렇게 조금씩 시도해 나가다 보니, 교실 안에는 즐거운 배움의 순간들이 차곡차곡 쌓여 갔습니다. 지금 이 순간에도 새로운 시도를 고민하고 계실 선생님들께 이 책이 가벼운 첫걸음이자 작은 힌트가 되기를 바랍니다.

김혜지

　아날로그와 오감 체험이 유아교육의 절대적 가치였던 시대를 살아온 저는 스마트폰보다 폴더폰을 사용하며 디지털에 기대지 않으려 했던 지극히 아날로그 감성의 교사였지만 학급 운영과 학부모 소통, 그리고 유아의 흥미와 요구에 맞는 미디어 자료를 제공하기 위해서는 에듀테크가 필수 불가결해졌음을 인정하게 됩니다. 하지만 저처럼 에듀테크 사용에 주저하는 교사에게 손쉽게 정보를 제공해 주는 책이 없어 아쉬움이 있었습니다. 일단 에듀테크를 쉽게 접해야 익숙해 지고 그 이후에 응용력도 더해 지리라 생각합니다. 뼛속깊이 아날로그 교사인 저처럼 에듀테크의 필요성은 알지만 선듯 시작하기 어려웠던 선생님들께 조금이나마 이 책이 길라잡이가 되어주길 바랍니다.

김은자

머리말

　선생님들과 함께 디지털 시대의 유아교육을 고민하며, 결국 우리 교육의 본질은 여전히 '놀이'와 '관계' 속에 있다는 걸 다시금 느꼈습니다. 다만 그 방식이 시대에 따라 달라질 뿐, 유아들을 향한 우리들의 마음은 변하지 않는다고 생각합니다. 이 책이 교실에서 소중한 시도를 이어가는 선생님들께 작은 용기와 응원이 되길 바랍니다.

배수나

　"우와, 선생님 신기해요!"
　아이들의 그림이 움직이던 그 순간, 즐거워하는 아이들의 목소리가 아직도 생생하게 기억납니다. 처음에는 막막하기만 했던 제가 동료 선생님들과 함께 알아가며, 아이들과 하나씩 배우고 웃고 놀다 보니 어느새 에듀테크는 교실 속 새로운 놀이가 되어 있었습니다. 이 책이 선생님들께 '할 수 있을 것 같다'는 작은 용기와 교실 속 하루를 조금 더 즐겁게 채워줄 아이디어가 되어 주길 바랍니다.

전진형

　디지털 기기를 활용한 놀이가 친숙해질 즈음 '에듀테크'라는 새로운 단어가 우리에게 찾아왔습니다. 아날로그에 익숙했던 저에게 에듀테크는 유치원에서 활용하기에는 어렵고 먼 일이라고 느꼈었습니다. 교육청의 에듀테크 연수나 인스타그램에서 볼 수 있는 멋진 활용 사례들을 보며 '나도 해 봐야지' 하고 자료를 모았지만 막상 교실에 적용하기란 쉽지 않은 일이었습니다. 이러한 망설임과 고민을 가진 선생님들을 위해 아날로그 방식 그대로 책을 펼쳐 보며 한 단계씩 에듀테크를 익혀갈 수 있도록 돕는 이 책을 만드는 작업에 기쁘게 참여했습니다. 이 책의 내용 중 작은 하나라도 선생님들의 교실과 업무에 유용한 길잡이가 되어 에듀테크가 가져다주는 편리함과 기쁨을 느끼실 수 있기를 바랍니다.

김진영

추천사

모든 언어의 기본적인 역할은 소통입니다. 디지털이 교사와 어린이들의 새로운 언어로 다가오는 지금, 에듀노바 선생님들은 더 신나는 어린이들과의 소통, 더 깊이 있는 부모, 동료, 지역사회와의 대화를 위해 이 새로운 언어를 배우고 즐기는 여정으로 우리를 초대합니다. 신기하지만 차가운 기술이 아니라, 일상적으로 우리를 표현하고, 서로 소통하며, 세상을 이해하기 위한 언어로서 에듀테크를 만나고 즐겨보시길 권합니다.

전남대학교 유아교육과 교수 **권귀염**

작은 화면 속에서도 아이들의 세상은 자라납니다. 익숙하지 않은 기술도 선생님의 손끝에서 배움이 되고, 놀이가 되고, 웃음이 됩니다. 이 책이 선생님의 하루를 더 가볍게 하고 아이들의 상상을 더 멀리 보내는 도움이 되길 바랍니다. 가장 가까이에서 배움의 미래를 열어 주시고, 그 경험을 기꺼이 나누어 주시는 에듀노바 선생님들께 깊은 응원을 보내며 많은 선생님들께 추천드립니다.

광주광역시교육청 장학사 **권혜진**

'유치원 교사들이 현장에서 직접 쌓은 경험과 마음을 담아낸, 따뜻한 에듀테크 이야기'
이 책은 캔바와 구글 등 구체적인 도구를 통해 유아의 놀이와 배움이 얼마나 즐겁게 확장될 수 있는지를 보여줍니다. 기술보다 유아와 교사의 성장을 중심에 둔 따뜻한 교육 철학이 담겨 있으며 아이들을 향한 교사의 사랑과 열정이 느껴집니다. 에듀테크 시대, 유치원 교실에서 매일 새로운 도전을 이어가는 교사들에게 실질적인 영감을 주는 안내서가 되어 따스한 응원과 용기를 전해줄 것입니다. 에듀노바 교원연구회 여섯 교사의 열정과 헌신에 깊은 존경을 표합니다.

광주광역시교육청유아교육진흥원 교육연구사 **박혜원**

본 도서는 기술이 아닌 '사람과 배움의 관계'를 중심으로 에듀테크를 다시 바라보게 하는 안내서입니다. 이 책의 가장 큰 강점은 현장에서 실제로 검증된 도구와 사례를 담고 있다는 점입니다. 화면 속 낯선 앱이 아니라, 교사들이 직접 사용하며 오랜 연구 끝에 엄선한 도구들이 소개되어 있어 누구나 자신의 교실에 바로 적용할 수 있습니다. 캔바로 놀이기록을 꾸미고, 구글로 수업의 세계를 확장하며, 태블릿으로 아이들의 상상을 시각화하는 과정 속에서 교사들은 기술이 아닌 새로운 배움의 방법을 배우게 됩니다. 수업의 영역을 넓히고 싶은 선생님들, 아이들과의 하루를 더 흥미롭고 의미 있게 만들고 싶은 분들께 진심으로 추천합니다.

송정초등학교 교사 **안익재(꿈꾸는 안쌤)**

독자지원센터

[책 소스 다운로드 / 정오표 / Q&A / 긴급 공지]

이 책의 실습에 필요한 책 소스 파일 다운로드, 정오표, Q&A 방법, 긴급 공지 사항 같은 안내 사항은 앤써북 공식 카페의 [종합 자료실]에서 [도서별 전용 게시판]을 이용하시면 됩니다.

앤써북 네이버 카페에서 [종합 자료실] 아이콘()을 클릭한 후 종합자료실 게시글에 설명된 표에서 232번 목록 우측 도서별 전용 게시판 링크 주소()를 클릭하거나 아래 QR 코드로 바로가기 합니다. 도서 전용 게시판에서 설명하는 절차로 책소스 파일 다운로드, 정오표, Q&A 방법, 긴급 공지 사항 등을 안내 받을 수 있습니다.

▶ 앤써북 공식 네이버 카페 종합자료실
https://cafe.naver.com/answerbook/5858

▶ 도서 전용게시판 바로가기
https://cafe.naver.com/answerbook/8726

독자지원센터

[앤써북 공식 체험단]

앤써북에서 출간되는 도서와 키트 등 신간 책을 비롯하여 연관 상품을 체험해 볼 수 있습니다. 체험단은 수시로 모집하기 때문에 앤써북 카페 공식 체험단 게시판에 접속한 후 [즐겨찾기] 버튼❶을 누른 후 [채널 구독하기] 버튼❷을 눌러 즐겨찾기 설정해 놓거나, ❸[새글 구독]을 우측으로 드래그하여 ON으로 설정해 놓으면 새로운 체험단 모집 글을 메일로 자동 받아보실 수 있습니다.

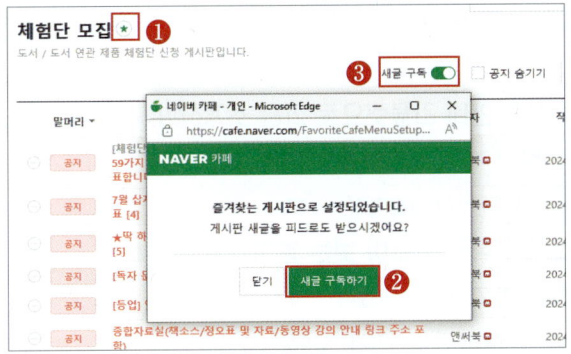

▶ 앤써북 카페 공식 체험단 게시판

https://cafe.naver.com/answerbook/menu/150

▲ 체험단 바로가기 QR코드

[저자 강의 안내]

앤써북에서 출간된 책 관련 주제의 온·오프라인 강의는 특강, 유료 강의 형태로 진행됩니다. 강의 관련해서는 아래 게시판을 통해서 확인해주세요. "앤써북 저자 강의 안내 게시판"을 통해서 앤써북 저자들이 진행하는 다양한 온·오프라인 강의를 확인할 수 있습니다.

▶ 앤써북 강의 안내 게시판

https://cafe.naver.com/answerbook/menu/144

▲ 저자 강의 안내 게시판 바로가기 QR코드

Contents

들어가기 • 12

 **캔바 활용법** 디자인과 기록을 한 번에

- **01-1** 학급 운영에 필요한 디자인 • 26
  - 우리 반 아이들의 이름표 만들기 • 27
    - 한 걸음 더 나아가기 • 33
- **01-2** 유치원 안내 리플렛으로 기관 소개하기 • 34
  - 유치원 소개 3단 리플렛 제작하기 • 35
    - 한 걸음 더 나아가기 • 40
- **01-3** 교사가 직접 만들어 보는 놀이자료 • 41
  - 역할놀이 가게 간판 만들기 • 42
    - 한 걸음 더 나아가기 • 46
- **01-4** 교사와 유아가 함께 만들어가는 놀이 기록 • 47
  - 우리 반 놀이 기록하기 • 48
    - 한 걸음 더 나아가기 • 52
- **01-5** 유아 활동을 담은 뮤직비디오 만들기 • 53
  - 동요 뮤직비디오 만들기 • 54
    - 한 걸음 더 나아가기 • 59
      - 미니특강 _ 교사를 위한 캔바 프리미엄 무료 이용 방법 Canva for Education • 60

 **패들렛 활용법** 기록을 넘어 협력으로

- **02-1** 동료 교사와 함께 나누며 성장하기 • 64
  - 유치원 설명서 패들렛 보드 제작하기 • 65
    - 한 걸음 더 나아가기 • 71

Contents

02-2 우리 반 놀이 기록하기 • 72
　패들렛으로 기록하는 놀이 • 73
　　한 걸음 더 나아가기 • 77

02-3 놀이 자료로 확장해 활용하기 • 78
　패들렛으로 자기소개하기 • 79
　　한 걸음 더 나아가기 • 83

02-4 학부모와 함께 소통하고 공유하기 • 84
　패들렛에서 가정과 함께 캠페인 진행하기 • 85
　　한 걸음 더 나아가기 • 93
　　미니특강 _
　　　패들렛 AI 추천 레시피: AI와 함께 쉽고 빠르게 만드는 '나만의 맞춤 게시판' • 94

03 네이버 활용법 수업을 더 스마트하게

03-1 스마트렌즈로 궁금한 동식물 알아보기 • 100
　궁금한 식물 스마트렌즈로 검색해보기 • 101
　　한 걸음 더 나아가기 • 103

03-2 네이버 지도로 우리 동네 탐방하기 • 104
　거리뷰로 우리 동네 탐방하기 • 105
　　한 걸음 더 나아가기 • 109

03-3 클로바노트로 손쉽게 관찰 기록 작성하기 • 110
　유아들의 놀이 음성 기록하기 • 111
　　한 걸음 더 나아가기 • 116

03-4 QR코드로 자료 공유 및 놀이하기 • 117
　우리만의 영화관, QR 티켓으로 입장! • 118
　　한 걸음 더 나아가기 • 123
　　미니특강 _ 클라우드로 여는 스마트 자료실, 네이버 MYBOX • 124

Contents

04 구글 활용법 교실을 넘어 더 넓은 세상으로

04-1 아트앤컬쳐로 세계의 미술관 여행하기 • 128
   아트앤컬쳐로 떠나는 예술 여행 • 129
     한 걸음 더 나아가기 • 135

04-2 구글 3D 기능으로 학습모델 눈앞에 불러오기 • 136
   우리 교실에 공룡 불러오기 • 137
     한 걸음 더 나아가기 • 140

04-3 구글 시트로 유치원 및 학급 데이터 정리하기 • 141
   교직원 연수 이수 현황 작성하기 • 142
     한 걸음 더 나아가기 • 148

04-4 구글 드라이브로 자료를 공유하고 보관하기 • 149
   구글 드라이브 사용해보기 • 150
     한 걸음 더 나아가기 • 155

04-5 구글폼으로 설문과 의견 수렴하기 • 156
   구글폼으로 설문지 만들기 • 157
     한 걸음 더 나아가기 • 163

     미니특강 _ 구글 계정에 대한 Q&A • 164

Contents

05 태블릿 활용법 교실에서 즐기는 다양한 디지털 놀이

05-1 바닷속 한글놀이를 활용한 한글놀이 • 168
　바닷속 한글놀이 앱으로 한글 쓰기 연습하기 • 169
　　한 걸음 더 나아가기 • 172

05-2 온몸으로 즐기는 액티브 아케이드 • 173
　액티브 아케이드로 즐기는 신체 놀이 • 174
　　한 걸음 더 나아가기 • 177

05-3 오토드로우를 활용한 그림 그리기 • 178
　오토드로우로 내가 그리고 싶은 것 그리기 • 179
　　한 걸음 더 나아가기 • 183

05-4 퀵 드로우를 활용한 그림 놀이 • 184
　퀵 드로우로 인공지능 만나기 • 185
　　한 걸음 더 나아가기 • 188

05-5 북 크리에이터를 활용한 그림책 제작 놀이 • 189
　북 크리에이터를 활용한 장래희망 책 만들기 • 190
　　한 걸음 더 나아가기 • 195

05-6 ZOOM 가상 배경으로 즐기는 크로마키 놀이 • 196
　역할놀이 가상 배경 설정하기 • 197
　　한 걸음 더 나아가기 • 203

05-7 애니메이티드 드로잉으로 움직이는 그림놀이 • 204
　애니메이티드 드로잉을 활용한 움직이는 그림놀이 • 205
　　한 걸음 더 나아가기 • 210

들어가기

01 에듀테크, 유아교육의 새로운 가능성을 열다!

유아들은 태어날 때부터 디지털 기기와 미디어가 일상에 녹아든 환경에서 성장하는 '디지털 네이티브(Digital Native)' 세대입니다. 화면을 마주하면 자연스레 터치하고, 줌인하는 유아들의 모습에서도 디지털 기술은 더 이상 낯선 존재가 아닌 세상을 탐색하고 소통하는 도구임을 알 수 있습니다. 유아들의 삶과 디지털이 밀접하게 맞닿아 있는 만큼 유아교사는 에듀테크에 대한 이해를 높이고, 활용하는 것이 중요합니다.

에듀테크는 'Education (교육)'과 'Technology(기술)'의 합성어로 교육의 질을 높이고, 학습 효과를 증진하기 위해 디지털 기술과 도구를 교육과정에 접목한 것을 의미합니다. 특히 유아교육에서의 에듀테크는 유아의 발달 특성과 학습 방식을 고려하여 흥미와 몰입을 유도하고 다감각적 경험을 제공하는 데 중점을 둡니다. 에듀테크의 즉각적인 피드백과 풍부한 시·청각 자료는 유아들이 스스로 탐구하고 배우는 즐거움을 확장하도록 도와줍니다. 또한 에듀테크를 통해 가상현실을 활용하여 새로운 활동에 부담 없이 참여할 수 있도록 하는 것은 유아의 호기심을 자극하고 도전을 격려하는 중요한 기반이 되기도 합니다.

에듀테크에 대한 교육적 가치가 부각 되면서 교육부는 디지털화 시대에 맞춰 기술을 교육의 핵심 도구로 활용하는 에듀테크 진흥 방안을 발표하였습니다. 이러한 흐름에 따라 각 시·도교육청에서도 미래 세대인 유아들을 위한 에듀테크 관련 사업을 활발히 추진하고 있습니다. 경기도교육청은 '에듀테크(하이러닝) 활용 교육 기본계획'을 마련하여 교원 역량 강화 연수 프로그램 운영 및 하이러닝 플랫폼 도입 등의 전략을 포함한 맞춤형 교육을 활성화하고 있습니다. 광주광역시교육청 또한 'AI 광주 미래교육계획'을 바탕으로 인공지능 체험실과 미래형 놀이환경을 조성하여 유아의 디지털 역량을 놀이 속에서 자연스럽게 함양할 수 있는 기반을 마련하고 있습니다. 이처럼 전국의 여러 지역 교육청에서도 교사 연수를 강화하고 디지털 기자재 지원을 확대하는 등 유아 에듀테크 환경 구축에 힘쓰고 있습니다.

02 유아·놀이 중심 교육과정과 에듀테크의 교육적 관련성 및 의의

오늘날 유아교육의 근간이자 핵심 가치인 '2019 개정 누리과정'은 자율성과 창의성을 존중하며, 유아가 놀이를 통해 세상을 탐색하고 배우는 경험을 교육의 중심에 둡니다. 교사는 유아의 흥미와 요구에 민감하게 반응하고 놀이가 의미 있는 배움으로 이어지도록 지원하며, 유아 스스로 탐구하고 발견하는 과정을 적극적으로 돕는 역할을 수행합니다.

이러한 유아·놀이 중심 교육과정은 급변하는 사회와 기술 발전 속에서 에듀테크와 결합하여 새로운 교육적 지평을 넓혀가고 있습니다. 에듀테크는 정보통신 기술을 활용하여 학습 효과를 높이고 교육 환경을 개선합니다. 흔히 기술의 개입이 유아의 자연스러운 놀이를 방해할 수 있다는 우려도 있지만, 에듀테크는 오히려 놀이중심 교육의 가치를 더욱 풍부하게 만들고 그 지평을 확장할 잠재력을 지니고 있습니다. 즉, 에듀테크는 미래 사회를 살아갈 유아들이 자신감과 역량을 갖춘 주체적인 학습자로 성장하도록 돕는 필수적인 요소로 자리매김하고 있습니다.

03 유아 에듀테크 활용의 교육적 원칙 및 고려 사항

에듀테크는 유아교육 분야에 중요한 변화를 가져오며 유아의 학습 경험을 질적으로 향상시키고 폭넓게 확장할 수 있는 큰 잠재력을 지니고 있습니다. 이러한 기술적 발전을 유아의 발달 특성에 적합하게 활용하고, 교육적으로 최적의 효과를 거두기 위해서는 명확한 원칙과 깊이 있는 고려가 필수적입니다.

유아 중심의 접근
에듀테크 활용의 궁극적인 목표는 유아의 성장과 발달에 있습니다. 기술 자체가 목적이 되어서는 안 되며 유아의 흥미, 발달 수준, 개별적 특성을 고려한 활동이어야 합니다. 유아가 능동적으로 참여하고 주도적으로 탐색할 수 있도록 교사는 유아의 실제적인 필요에 따라 기술을 제공하고, 유아가 기술을 어떻게 활용하는지에 주목해야 합니다.

균형 잡힌 디지털-아날로그 경험

디지털 경험이 유아의 모든 학습 활동을 대체하는 것은 바람직하지 않습니다. 아날로그적인 경험과 디지털 경험이 균형 있게 어우러질 때 유아의 전인적인 발달이 촉진될 수 있습니다. 에듀테크는 기존의 놀이를 보완하고 확장하는 역할을 해야 하며 유아의 감각을 풍부하게 활용하는 오프라인 활동과 상호작용할 수 있도록 설계되어야 합니다.

디지털 격차 해소

기관 및 가정 환경에 따라 디지털 기기 보급률, 인터넷 접근성, 교사 및 학부모의 디지털 역량에 차이가 발생하게 되며, 이는 유아 간의 에듀테크 경험 격차로 이어질 수 있습니다. 교육청 차원의 지속적인 디지털 기기 보급 및 네트워크 환경 구축 지원과 교사, 학부모를 대상으로 한 디지털 역량 강화 교육 프로그램을 꾸준히 운영하여 전반적인 디지털 리터러시 수준을 향상시키는 노력이 동반되어야 합니다.

발달 단계에 적합한 콘텐츠 선정 및 활용

모든 에듀테크 도구나 콘텐츠가 유아에게 적합한 것은 아닙니다. 유아의 인지, 사회, 정서, 신체 발달 수준을 고려하여 연령에 맞는 콘텐츠를 신중하게 선별해야 합니다. 단순히 정보를 일방적으로 전달하는 수동적인 콘텐츠보다는 유아가 직접 조작하고 상호작용하며 문제를 해결하는 능동적인 콘텐츠를 우선적으로 활용하는 것이 중요합니다.

04 에듀테크 시대, 유아 교사가 갖추어야 할 역량

유아교육에서 에듀테크를 효과적으로 활용하려면 교사의 역량 함양이 무엇보다 중요합니다. 에듀테크는 교사의 역할을 대신하는 도구가 아니라, 오히려 교사가 유아교육에서 수행하는 핵심적 역할의 중요성을 더욱 부각시킵니다. 따라서 교사가 이미 수행해 온 교육적 역할을 디지털 환경 속에서 더욱 의미있게 실천하는 것이 중요합니다. 현장에서 유념해야 할 구체적인 역량은 다음과 같습니다.

디지털 리터러시

디지털 기기와 소프트웨어를 다루는 기술적 능력과 온라인 자료를 탐색·평가하여 교육적으로 활용하는 정보 활용 능력을 의미합니다. 정보의 신뢰성을 판단하는 비판적 사고, 디지털 도구를 활용한 창의적 콘텐츠 제작, 온라인 환경에서의 원활한 소통과 협력, 저작권과 개인정보 보호를 실천하는 윤리적 책임도 포함됩니다.

비판적 사고 역량

디지털 환경에서 얻은 다양한 정보 및 자료의 신뢰성과 타당성을 분석하고 평가할 수 있는 역량을 의미합니다. 출처를 확인하고 허위 정보나 편향된 자료를 구별하는 등 교육적으로 적합한 자료를 선별하여 활용해야 합니다. 또한 유아가 디지털 콘텐츠를 비판적으로 바라볼 수 있도록 안내하는 것이 중요합니다.

정보 윤리 및 안전 교육 능력

디지털 환경에서 지켜야 할 규범과 책임을 이해하고 실천하는 역량을 의미합니다. 온라인 공간에서 타인의 권리를 존중하며 올바른 의사소통과 행동을 실천하는 능력을 포함합니다. 교사는 개인정보 보호, 디지털 기기 사용의 적절한 기준 설정, 사이버 위험 예방 등 윤리적 기준을 제시하고 학습 환경을 관리함으로써 유아의 안전하고 올바른 디지털 경험을 지원해야 합니다.

협력 및 소통 역량

수업에 에듀테크를 효과적으로 활용하여 동료 교사, 학부모, 지역사회와 원활히 협력하고 소통할 수 있는 능력을 의미합니다. 교사는 에듀테크의 교육적 가치와 필요성을 알리고, 다양한 교육 주체가 교육 과정에 적극적으로 참여할 수 있도록 지원해야 합니다. 유아가 안전하고 흥미로운 디지털 학습 환경에서 능동적으로 탐구하고 배우도록 학습 환경을 조성하는 것도 중요합니다.

이 책은 에듀테크의 필요성과 교사 역량의 중요성을 바탕으로 실제 교육 현장에서 에듀테크를 효과적으로 활용한 유아교사들의 구체적인 수업 사례들을 다양하게 소개합니다. 저자가 경험한 100가지의 사례를 살펴보시고 실제 수업에 반영하여 유아들이 주도적으로 참여하는 창의적인 에듀테크 놀이 활동을 기획하고 실행하는 데 실질적인 도움이 제공되기를 기대합니다.

05 에듀테크 유형별 제품 목록 및 소개

대분류	소분류	로고	에듀테크명	소개	가격	지원환경
AI 기본	생성형 AI		ChatGPT	교육 활동 아이디어나 학부모 안내문 초안 등을 함께 구상할 수 있는 생성형 AI 기반 대화형 도구	부분 유료	PC, 앱
	생성형 AI		Gemini	텍스트와 이미지를 모두 다루며 자료 검색과 정리를 지원하는 구글의 생성형 AI 플랫폼	부분 유료	PC, 앱
	생성형 AI		Bing	실시간 최신 정보를 반영해 답변을 제공하는 마이크로소프트의 AI 검색 도구	부분 유료	PC, 앱
	생성형 AI		Perplexity AI	출처와 함께 설명을 제공하여 신뢰성 있는 정보를 찾을 수 있는 AI 검색 엔진	부분 유료	PC, 앱
	생성형 AI		뤼튼	국내에서 개발되어 보고서와 기록 문서 작성에 특화된 AI 글쓰기 도구	부분 유료	PC, 앱
	음원 생성형 AI		Suno AI	입력한 텍스트를 기반으로 노래를 자동 생성해 주는 음악 생성 AI 플랫폼	부분 유료	PC
	영상 생성형 AI		Kling X	텍스트 입력만으로 짧은 영상을 제작할 수 있는 영상 생성 AI 도구	부분 유료	PC
콘텐츠 제작	디자인 편집		캔바 (Canva)	포스터, 이름표, 안내 자료를 손쉽게 디자인할 수 있는 온라인 디자인 플랫폼	부분 유료	PC, 앱
	디자인 편집		미리캔버스 (Miri Canvas)	국내 환경에 맞춰 최적화된 디자인 편집이 가능한 한글 기반 디자인 툴	부분 유료	PC, 앱
	디자인 편집		망고보드 (Mango Board)	카드뉴스와 이포그래픽 제작에 강점을 가진 온라인 콘텐츠 제작 도구	부분 유료	PC, 앱 (안드로이드)

분류	세부		도구명	설명	유료 여부	지원
콘텐츠 제작	영상 제작		캡컷 (CapCut)	영상 편집 앱으로 모바일과 PC 모두 지원되어 자료 제작에 보다 손쉽게 활용할 수 있는 도구	부분 유료	PC, 앱
	영상 제작		키네마스터 (KineMaster)	모바일 기반 전문 영상 편집 앱으로, 교육용 영상 제작에 활용할 수 있는 영상 편집 도구	부분 유료	PC, 앱
	영상 제작		블로 (VLLO)	간단한 영상 제작 및 편집을 지원하는 쉬운 영상 편집 앱	부분 유료	PC, 앱
	영상 제작		브루 (Vrew)	사진을 영상으로 변환하고 AI 더빙 기능을 지원하여 손쉽게 영상을 제작할 수 있는 편집 플랫폼으로, 숏츠(Shorts) 제작에도 많이 활용되는 도구	부분 유료	PC, 앱
	영상 제작		스튜디오 D-ID	사진 속 인물 이미지를 기반으로 자연스러운 움직임과 음성을 합성해 주는 플랫폼	부분 유료	PC, 앱
	AI 음성 제작		클로바더빙	영상에 다양한 언어와 목소리로 더빙을 입힐 수 있는 AI 기반 서비스	부분 유료	PC, 앱
	AI 음성 제작		Supertone	목소리를 변환하거나 합성할 수 있는 AI 음성 기술을 제공하는 음성 편집 도구	부분 유료	PC
	이미지 편집		스노우 (SNOW)	스티커와 효과를 활용해 사진 및 영상을 꾸밀 수 있으며 프로필 제작에도 유용한 앱	부분 유료	PC, 앱
	이미지 편집		Photo Lab	Dream Look 효과를 활용해 유아의 장래희망 모습을 이미지로 제작할 수 있는 앱	부분 유료	PC, 앱
	이미지 편집		픽콜라주 (PicCollage)	사진을 모아 콜라주 형태로 정리할 수 있는 이미지 편집 앱	부분 유료	앱
	그림책 제작		북 크리에이터(Book Creator)	사진, 그림, 글, 소리를 넣어 전차책 형태의 책을 제작할 수 있는 앱이자 온라인 플랫폼	부분 유료	PC, 앱
	프로그램 제작		엔트리 (Entry)	전문적인 코딩 지식 없이 간단한 게임, 프로그램을 제작할 수 있는 블록형 프로그램 교육 플랫폼	무료	PC

분류	용도	아이콘	도구명	설명	비용	플랫폼
협업/소통	파일 공유		구글 드라이브 (Google Drive)	자료를 공유하고 보관할 수 있는 클라우드 저장소	부분 유료	PC, 앱
	파일 공유		마이크로소프트 원드라이브 (Microsoft OneDrive)	컴퓨터 내 특정 폴더를 원드라이브와 연결해 자동으로 공유할 수 있는 기능이 있어 교사 간 자료 협업과 관리에 유용한 플랫폼	부분 유료	PC, 앱
	파일 공유		네이버 MYBOX	문서, 사진, 영상을 저장할 수 있으며 특히 음원 및 영상을 쉽게 재생할 수 있는 클라우드 저장소	부분 유료	PC, 앱
	기록		노션 (Notion)	교육 활동 아이디어나 일정 관리, 관찰 기록을 정리하고 공유할 수 있는 협업용 기록 도구	부분 유료	PC, 앱
	기록		구글 킵 (Google Keep)	간단한 메모와 체크리스트를 작성해 빠르게 관리할 수 있는 온라인 메모 도구	무료	PC, 앱
	기록		클로바노트	음성을 자동으로 문자로 변환해 회의나 관찰 기록을 손쉽게 정리할 수 있는 기록 도구	부분 유료	PC, 앱
	기록		굿노트 (Goodnotes)	태블릿 필기와 PDF 주석 작업에 적합한 디지털 필기 앱	유료	앱
	협업 보드		패들렛 (Padlet)	교사와 유아, 학부모가 함께 자료를 올리고 소통할 수 있는 협업 보드형 플랫폼	부분 유료	PC, 앱
	화상회의		ZOOM	화상 수업과 원격 회의, 실시간 놀이 활동 확장이 가능한 화상회의 도구	부분 유료	PC, 앱
	교수학습 지원		지식샘터	교사의 교수·학습 자료와 다양한 아이디어를 공유하는 온라인 지식 공유 서비스	무료	PC
놀이 지원	탐구 활동		네이버 지도	실제 지도를 바탕으로 우리 동네를 탐색하거나 현장학습 사전 경험을 돕는 탐구 도구	무료	PC, 앱
	탐구 활동		구글 맵 (Google Maps)	세계 여러 지역을 탐방하며 거리뷰 등 입체적인 탐구가 가능한 온라인 지도 서비스	무료	무료

놀이 지원	탐구 활동		네이버 스마트렌즈	동물이나 식물을 촬영해 정보를 바로 확인할 수 있는 탐구 지원 도구	무료	앱
	문화·예술 체험		구글 아트앤컬쳐 (Google Arts & Culture)	세계 유명 미술관과 전시를 온라인으로 감상할 수 있는 문화 예술 학습 플랫폼	무료	PC, 앱
	창의 활동		퀴버 (Quiver)	색칠한 그림이 3D로 살아 움직이는 증강현실(AR) 기반 학습 앱	부분 유료	앱
	창의 활동		펜업 (PENUP)	그림을 그리고 다른 사람과 공유할 수 있는 그림 그리기 앱	무료	앱(안드로이드)
	창의 활동		이비스 페인트 X	다양한 브러시와 레이어 기능을 제공하는 디지털 그림 그리기 앱	무료	앱
	창의 활동		키즈페인트	간단한 그리기와 색칠 놀이가 가능한 그림 그리기 앱	부분 유료	앱(안드로이드)
	창의 활동		오토 드로우 (Auto Draw)	간단한 그림을 그리면 AI가 자동으로 완성된 그림으로 바꿔주는 드로잉 툴	무료	PC
	창의 활동		퀵 드로우 (Quick, Draw)	직접 그린 그림을 인공지능이 알아맞히는 그림 퀴즈 도구	무료	PC
	창의 활동		애니메이션 드로잉 (Animated Drawings)	직접 그린 그림이 살아 움직이는 캐릭터처럼 변환되는 플랫폼	무료	PC
	창의 활동		스크루블리 (Scroobly)	화면 속 캐릭터가 카메라로 유아의 움직임을 인식하여 따라 움직이도록 하는 놀이 플랫폼	무료	PC
	창의 활동		크롬 뮤직랩 (Chrome Music Lab)	누구나 쉽게 음악을 만들고 소리를 시각적으로 탐색할 수 있는 온라인 음악 놀이 도구	무료	PC
	문제 해결		Jigsaw EXPLORER	다양한 이미지로 퍼즐을 맞추거나 사용자가 원하는 사진을 직접 퍼즐로 변환해 즐길 수 있는 온라인 퍼즐 사이트	무료	PC

분류			이름	설명	가격	지원
놀이 지원	문제 해결		퀴즈앤	다양한 문제를 제작하고 풀 수 있는 온라인 퀴즈 플랫폼	무료	PC
	문제 해결		카훗 (Kahoot)	실시간 퀴즈와 게임을 통해 참여형 수업을 운영할 수 있는 학습 플랫폼	무료	PC, 앱
	신체놀이 지원		액티브 아케이드 (Active Arcade)	움직임 기반 게임을 통해 유아들이 즐겁게 참여할 수 있는 활동 앱	무료	앱(iOS)
	협력 활동 지원		CHWAZI	화면을 터치하면 무작위로 차례를 정할 수 있어 모둠 활동이나 게임에 활용하기 좋은 앱	무료	앱
	학습 지원		띵커벨 (ThinkerBell)	퀴즈, 토론, 활동 등을 온라인에서 쉽게 진행할 수 있는 참여형 수업 플랫폼	무료	PC
	학습 지원		아이스크림 윗지 게임 학습	학습에 필요한 간단한 데이터만 입력하면 자동으로 다양한 학습 게임을 제작해 주는 플랫폼	무료	PC
	학습 지원		바닷속 한글놀이	한글 학습을 놀이처럼 즐길 수 있도록 제작된 학습 앱	무료	앱
	학습 지원		토도수학	단계별 수학 학습과 게임 요소가 결합된 유아·초등 대상 학습 앱	부분 유료	앱

하드웨어

기기명	사진	소개
TV		화면을 크게 띄워 유아들과 함께 사진, 영상, 학습 자료를 시청할 수 있는 기기
전자칠판		손글씨 입력, 터치, 판서 등이 가능해 수업과 놀이 활동을 직관적으로 진행할 수 있는 기기
태블릿		다양한 교육용 앱 활용 및 미러링 연동이 가능한 휴대용 학습 기기
AI 스피커		음성 인식 기반으로 음악 재생, 동화 들려주기, 날씨와 시간 안내 등 다양한 생활 지원 기능을 제공하는 스마트 기기
웹캠		화상 수업이나 실시간 놀이 공유에 활용할 수 있는 촬영 장치
마이크		원격 활동이나 녹화 활동에도 활용할 수 있는 음향 기기
클라우드 디지털 액자		사진이나 영상을 무선으로 전송해 교실에 전시할 수 있는 디지털 액자
휴대용 전자 현미경		곤충, 식물, 작은 물체를 손쉽게 확대해 관찰할 수 있는 탐구 도구
C타입 to HDMI		스마트폰·태블릿·노트북 화면을 미러링 없이 TV나 전자칠판에 바로 연결해 보여줄 수 있는 전송 장치
거치대		태블릿 등을 안정적으로 거치하여 유아들이 바른 자세로 매체를 활용할 수 있도록 돕는 도구

06 캔바, 패들렛, 네이버, 구글, 태블릿 활용 놀이를 선정한 이유

선생님, 혹시 이런 경험 해보신 적 없으세요?
새 학기가 시작될 때마다 학부모, 유아들의 시선을 사로잡는 환경판과 이름표를 만드느라 밤새워 가위질하고 코팅했던 경험, 적절한 이미지를 찾기 위해 여러 사이트를 돌아다녔던 경험, 유아들 놀이 모습을 깔끔하게 정리해 가정과 공유하고 싶은데 방법을 몰라 답답함을 느꼈다거나, 유아들이 "선생님, 저 공룡 보고 싶어요!"라고 할 때 그림책 외에 실제 모습을 보여주고 싶었던 순간들… 이제 에듀테크를 활용하면 훨씬 쉽고 즐겁게 해결할 수 있어요!

교사 연수, 장학 자료 등 많은 에듀테크가 소개되고 있지만 정작 바쁜 교실에서는 어떤 것부터 써야 할지, 어떻게 시작해야 할지 막막한 게 사실입니다. 수많은 디지털 도구들 사이에서 헤매는 선생님들을 위해서 이 책은 누구나 쉽게 시작할 수 있으며, 교실에 즉각적으로 긍정적 변화를 가져다주는 핵심 에듀테크에 집중했습니다. 복잡한 이론이나 어려운 사용법보다는 선생님들이 당장 수업에 적용할 수 있는 실천적인 방법을 담고자 노력했습니다.

에듀테크의 세계는 매우 넓고 풍부하며 이 책의 부록에는 본문에서 다루지 못한 흥미로운 도구들이 많이 수록돼 있습니다. 하지만 처음부터 모든 것을 완벽하게 익히기보다 교실에서 즉시 적용 가능하며 실질적인 도움이 되는 에듀테크 도구들로 시작하는 것이 중요하다고 생각했습니다. 이 책을 통해 선생님들은 에듀테크 활용에 대한 확신을 얻고, 스스로 다양한 기술을 탐색할 수 있는 견고한 토대를 마련하게 될 것입니다. 이러한 이유로 다음 다섯 가지 핵심 에듀테크를 소개하고자 합니다.

- **캔바(Canva)** : 디자인 경험이 없어도 '금손'으로 만들어주는 마법 같은 도구입니다! 이름표, 환경판, 활동지, 가정통신문 등 유치원에서 필요한 다양한 시각 자료를 쉽고 빠르게 전문가처럼 제작할 수 있도록 돕습니다. 덕분에 시간을 절약하고, 제작물은 더욱 완성도 있게 만들어낼 수 있습니다.

- **패들렛(Padlet)**: 우리 반 활동 기록을 위한 온라인 보드이자 학부모님들과의 소통 창구입니다. 유아들의 성장을 공유하고, 동료 교사들과 아이디어를 나누는 등 교실 안팎의 협력을 생동감 있

게 만들고 효율적으로 관리할 수 있습니다.
- **네이버(Naver):** 스마트렌즈를 활용해 궁금한 식물이나 사물의 이름을 즉시 찾아보거나, 네이버 지도와 거리뷰로 미리 체험하고 싶은 장소를 둘러보는 활동 등 유아들의 호기심과 간접 경험을 효과적으로 확장할 수 있습니다.
- **구글(Google):** 유아들의 호기심을 자극하고 세상을 탐색하도록 돕는 풍부한 교육 콘텐츠와 몰입형 경험을 제공합니다. 교사에게는 자료를 효율적으로 관리하고 동료들과 협력하는 데 유용한 도구로서 수업의 질을 높이는 데 기여합니다.
- **태블릿 활용 놀이:** 유아들에게 친숙한 태블릿을 창의적인 표현 도구, 문제 해결 능력 향상을 위한 매개체로 활용하는 구체적인 방법을 다양한 사례와 함께 소개합니다.

이렇게 캔바, 패들렛, 네이버, 구글, 그리고 태블릿을 활용한 놀이는 지금 당장 교실에서 시작할 수 있으며, 선생님의 업무 효율성을 높이고, 유아들의 놀이와 학습에 재미와 몰입을 더해 줄 것입니다.

이제 망설이지 말고 함께 에듀테크의 첫 발걸음을 떼어볼까요?
우리의 첫 출발지는 바로 선생님의 디자인 고민을 해결해 줄 만능 도구, 캔바입니다!

① 캔바 활용법

디자인과 기록을 한 번에

캔바(Canva)란?

"온라인에서 누구나 손쉽게 시각 자료와 영상을 제작·편집할 수 있는 디자인 도구"

교사는 학급 안내문, 활동 자료, 행사 포스터, 학부모 소통용 리플렛 등 다양한 시각 자료를 제작해야 할 때가 많습니다. 캔바는 이런 업무를 간편하고 빠르게 처리할 수 있도록 돕는 온라인 디자인 도구입니다. 직관적인 편집 환경과 풍부한 템플릿 덕분에 전문 기술 없이도 실무에 바로 쓸 수 있는 자료를 만들 수 있습니다.

캔바를 활용하면 교사가 직접 학급 운영에 필요한 디자인과 놀이자료를 제작할 수 있을 뿐 아니라 유아와 함께 공동 작업을 진행해 활동을 확장할 수도 있습니다. 이미지와 영상까지 한 번에 제작·관리할 수 있어 기록과 홍보를 통합적으로 운영하기에도 적합합니다.

이 장에서는 캔바의 주요 기능과 활용 사례를 살펴보고, 교사가 수업과 학급 운영에 필요한 시각 자료를 효율적으로 제작할 수 있는 실질적인 방법을 안내합니다.

▲ 캔바를 이용해 제작 가능한 유치원 교실 환경 디자인

01-1 학급 운영에 필요한 디자인

    학급을 운영하기 위해서는 이름표, 각종 표시판처럼 기본적인 새학기 환경구성 자료들을 제작해야 합니다. 이전에는 이러한 자료들을 직접 손으로 만들거나 전문 인쇄소에 맡겨야 하는 번거로움이 있었습니다. 하지만 이제는 캔바를 활용하여 전문가 수준의 디자인 자료들을 손쉽게 제작할 수 있습니다. 캔바의 다양한 템플릿을 이용하면 통일된 디자인으로 교실 분위기를 깔끔하게 정돈하는 동시에 학급 주제나 유아들의 흥미에 맞춰 색상과 아이콘을 자유롭게 바꿔가며 개성 넘치는 자료를 만들 수 있습니다. 이는 유아들이 교실 환경을 더욱 즐겁게 받아들이는 데 큰 도움이 됩니다.

    캔바를 이용하여 제작할 수 있는 학급 운영 활용 디자인으로는 다음과 같은 것들이 있습니다.

- **이름표**: 책상, 사물함, 목걸이용 이름표를 스티커 형태로 제작
- **정리 표시판**: 유아들이 사용한 교구를 스스로 제자리에 정리하도록 돕는 안내판
- **학급 안내판**: 교실 입구에 부착해 반 이름과 상징 그림을 표시하는 안내판

▲ 이름표　　　　　　　　▲ 정리 표시판　　　　　　　▲ 학급 안내판

우리 반 아이들의 이름표 만들기

　유아들의 이름표는 교실에서 각자의 소지품을 구분해 주며 유아 스스로 자신의 존재를 인식하고 자아 존중감을 느끼도록 돕는 중요한 시각 자료입니다. 캔바를 활용하면 이러한 이름표를 학급의 전반적인 분위기에 맞춰 손쉽게 디자인할 수 있으며 내용 수정이나 재출력도 간편합니다. 특히 캔바는 디자인 전문 지식이 없는 교사들도 감각적이고 완성도 높은 결과물을 만들 수 있도록 다양한 디자인 요소와 기능을 제공합니다. 이제부터 이름표를 예로 들어 제작 방법을 자세히 알려드리겠습니다. 이 방법은 규칙판이나 날짜판 등 다른 환경 구성 자료 제작에도 동일하게 응용하여 활용할 수 있습니다.

캔바 접속 및 로그인하기

01 PC 또는 모바일 앱에서 캔바(Canva)에 접속해 계정을 만들고 로그인합니다.

02 캔바 홈페이지에 접속한 후 ❶[동의 및 계속하기]를 클릭합니다. 계정이 이미 있다면 로그인합니다.

- 캔바 홈페이지: https://www.canva.com/

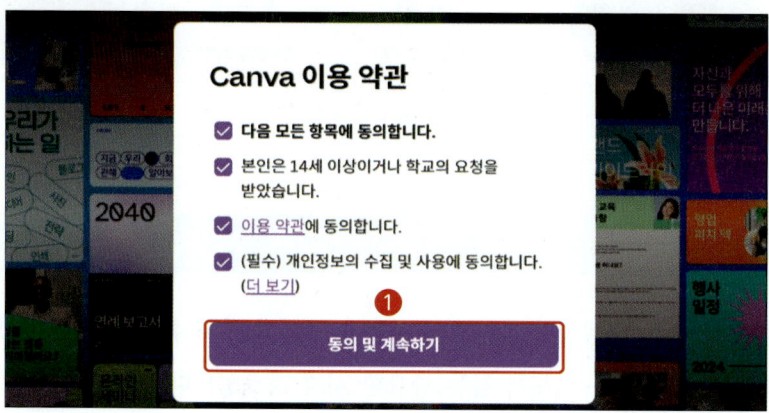

만들기 시작하기

02 홈 화면 왼쪽 상단에 있는 보라색 ❶[만들기]를 클릭합니다. 작은 창의 상단에 검색창이 나타납니다.

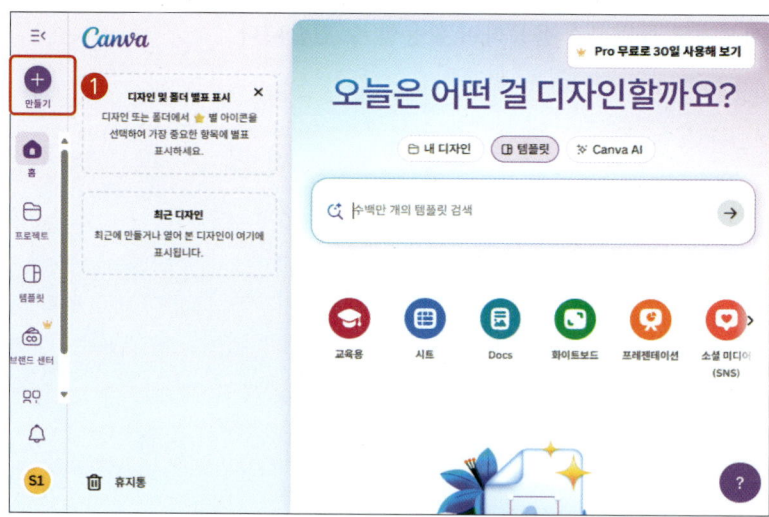

템플릿 선택하기

01 ❶[검색창]에 '라벨', '스티커', '명함' 키워드 중 하나를 입력합니다. 검색 결과에서 적당한 ❷[템플릿]을 선택해 클릭합니다.

디자인 편집하기

01 선택한 템플릿의 ❶[텍스트]를 클릭하여 유아의 이름을 입력합니다. ❷[텍스트 상자 추가]를 클릭하여 Ⓐ텍스트를 추가 입력할 수 있습니다. ❸[요소]를 클릭하여 유아의 개성을 살릴 수 있도록 아이콘을 선택합니다. 예를 들어 동물 아이콘, 과일, 좋아하는 색 등을 넣어 유아마다 개성을 표현할 수 있습니다. 선택한 아이콘은 ❹[편집]창을 이용하여 크기, 색 등을 조정할 수 있습니다.

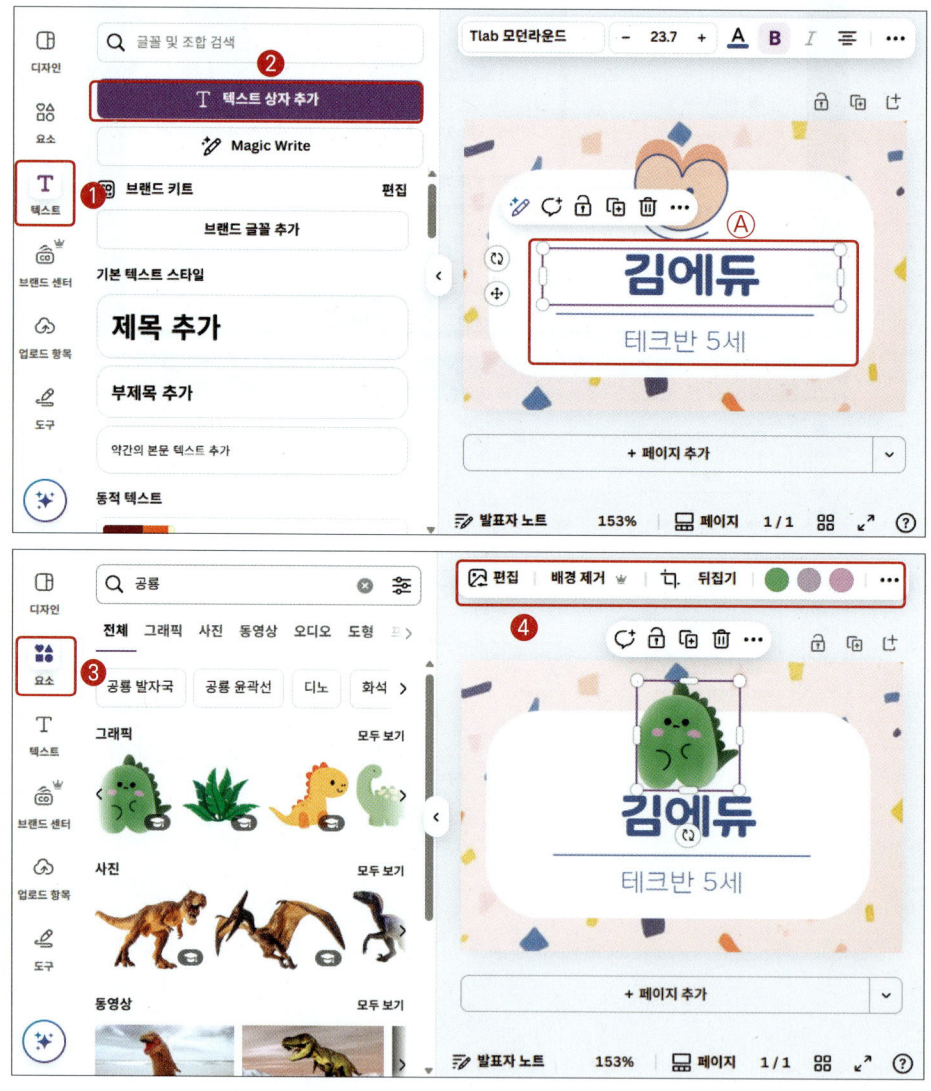

02 유아의 얼굴 사진을 넣고 싶다면 ❶[업로드] 메뉴를 클릭해 ❷[파일 업로드]에서 사진을 선택 후 원하는 위치에 배치합니다. 사진을 다양한 모양으로 자르고 싶다면 ❸[요소]에서 ❹[프레임]을 선택해 그 안에 사진을 드래그하면 됩니다.

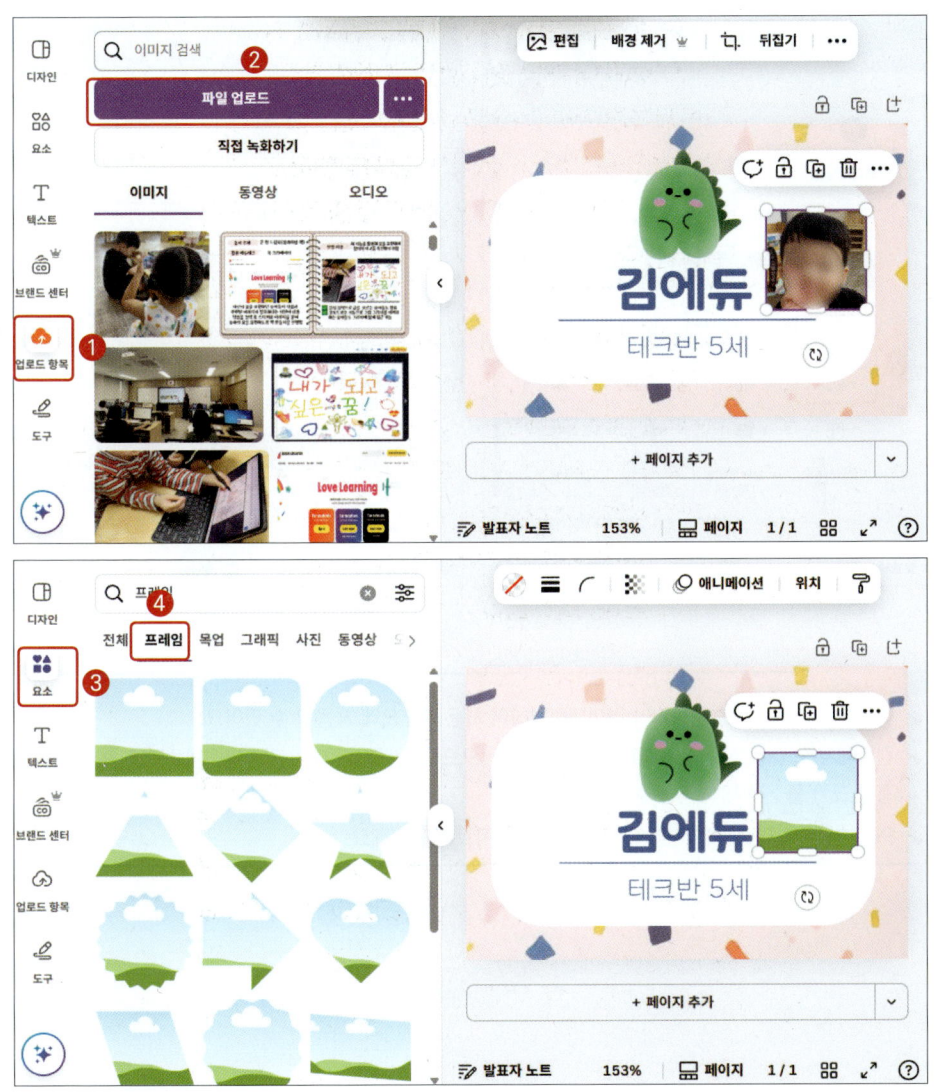

1장 _ 캔바 활용법 디자인과 기록을 한 번에 31

저장 및 출력하기

01 작업이 끝나면 오른쪽 상단의 ❶[공유]와 ❷[다운로드]를 클릭하고, 파일 형식을 ❸[PDF 인쇄]로 설정한 후 ❹[다운로드]합니다.

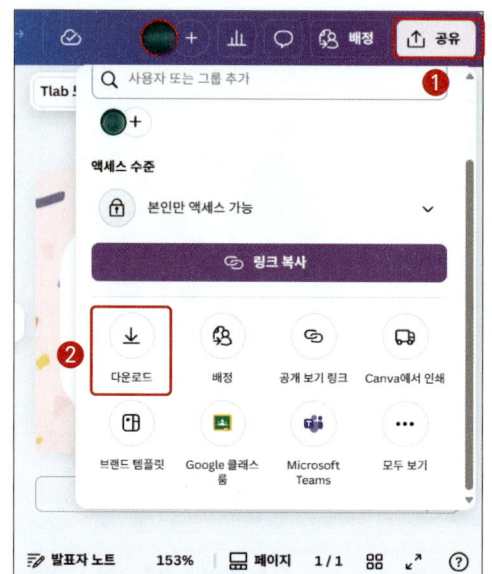
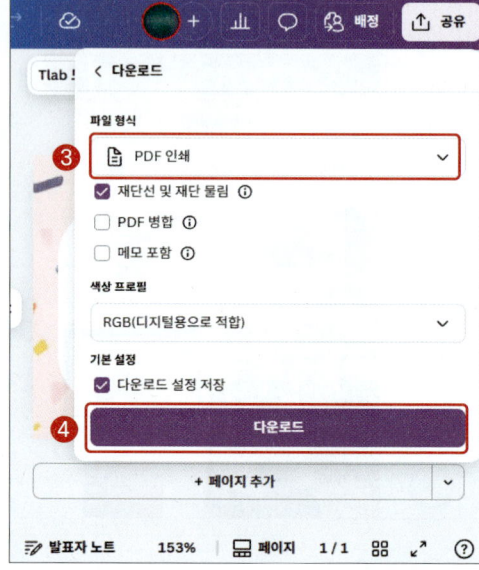

> **활용 꿀팁**
> ✓ 이름표는 스티커로 출력하거나 라미네이팅하여 사용하면 오래 사용할 수 있어요.
> ✓ 캔바에서는 '이름표' 전용 템플릿이 제공되지 않으므로 '명함', '라벨', '스티커' 템플릿을 활용하거나 '맞춤형 크기'를 지정해 제작할 수 있어요.
> ✓ PDF 인쇄 시 재단선 옵션을 체크하면 출력 후 자르기 편리해요.

한 걸음 더 나아가기

01. 우리 반 약속, 한눈에 쏙 규칙판!

교실 규칙은 유아들이 집단 속에서 질서를 배우고 자율적으로 행동하기 위한 기본 장치입니다. 캔바의 '포스터' 템플릿을 활용하면 규칙 문구를 간결하게 배치하고 직관적인 아이콘을 덧붙여 이해를 돕는 시각자료로 쉽게 제작할 수 있습니다. 이렇게 만든 규칙판은 교실 한쪽에 게시해 유아들이 스스로 규칙을 확인하며 생활할 수 있도록 지원합니다.

▲ 규칙판

02. 오늘은 무슨 날? 날짜 알아보기

유아는 날짜판을 활용해 매일 날짜와 요일, 날씨를 직접 붙이며 시간의 순서를 인지하고 학습합니다. 캔바의 '달력' 템플릿을 수정해 불필요한 칸을 지우고 계절 배경과 날씨 아이콘을 추가하면 유아가 흥미를 느끼는 자료가 됩니다.

▲ 날짜판

03. 내가 태어난 날, 생일을 기다려요

생일 달력은 유아들이 서로의 생일을 알고 축하하는 경험을 제공해 주며 사회적 유대감을 느끼는 데 기여합니다. 캔바에서 '생일 캘린더' 템플릿을 활용해 이름과 사진, 상징 아이콘을 배치하면 쉽게 제작이 가능하며 교실에 게시해두면 유아가 자신 및 친구의 생일을 기억하고 축하할 수 있습니다.

▲ 생일 달력

01-2 유치원 안내 리플렛으로 기관 소개하기

유치원의 교육 철학과 특색을 학부모 및 지역사회에 효과적으로 알리는 것은 기관의 중요한 과제입니다. 과거에는 전문 디자이너에게 의뢰하거나 복잡한 디자인 프로그램을 사용해야만 제작할 수 있었던 다양한 홍보물들을 이제는 직관적인 디자인 플랫폼인 캔바를 활용하여 유치원 현장에서 직접 제작할 수 있게 되었습니다. 구체적으로 학부모님께 유치원의 교육과정을 상세히 소개하는 안내 리플렛부터 행사를 알릴 수 있는 대형 현수막에 이르기까지 다양한 형태의 시각 자료를 캔바 내의 풍부한 템플릿과 디자인 요소를 활용하여 제작할 수 있습니다.

효과적인 유치원 안내 리플렛을 위해 다음 요소들을 포함하는 것을 권장합니다.
- **표지:** 유치원 이름 및 로고, 첫인상을 주는 간결한 슬로건
- **교육과정 및 프로그램:** 일과 운영 방식 및 특색 프로그램 소개
- **시설 안내:** 교실, 놀이터, 특별실 등 주요 시설 사진 및 간략한 설명

▲ 표지

▲ 교육과정 및 프로그램

▲ 시설 안내

유치원 소개 3단 리플렛 제작하기

유치원 소개 3단 리플렛은 학부모에게 기관의 첫인상을 전달하고 교육 정보를 체계적으로 제공하는 핵심적인 홍보 자료입니다. 캔바와 같은 직관적인 온라인 도구를 활용하면 디자인 전문 지식 없이도 유치원의 교육 철학, 프로그램, 시설 등을 효과적으로 담아낸 고품질의 리플렛을 손쉽게 제작할 수 있습니다. 다음 내용에서는 유치원의 정보를 효과적으로 전달할 수 있는 3단 리플렛의 제작 과정을 단계별로 안내합니다.

캔바 접속 및 로그인하기

01 PC 또는 모바일 앱에서 캔바(Canva)에 접속해 계정을 만들고 로그인합니다.

02 캔바 홈페이지에 접속한 후 ❶[동의 및 계속하기]를 클릭합니다. 계정이 이미 있다면 로그인합니다.

- 캔바 홈페이지: https://www.canva.com/

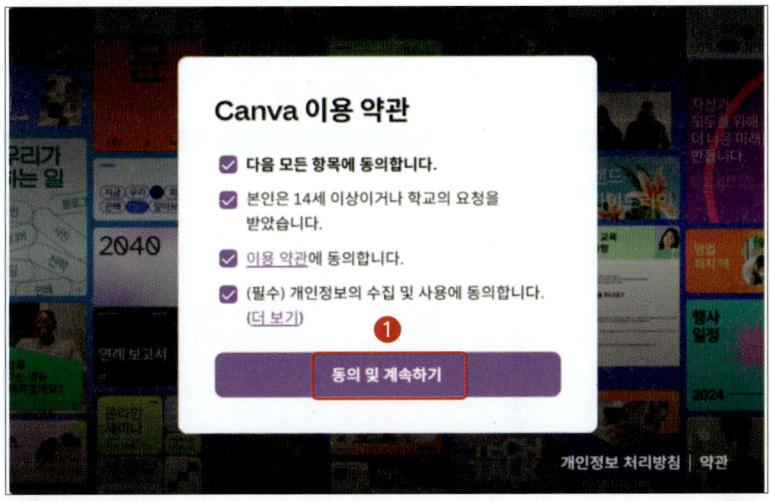

만들기 시작하기

01 홈 화면 왼쪽 상단에 있는 보라색 ❶[만들기]를 클릭합니다. 작은 창의 상단에 검색창이 나타납니다.

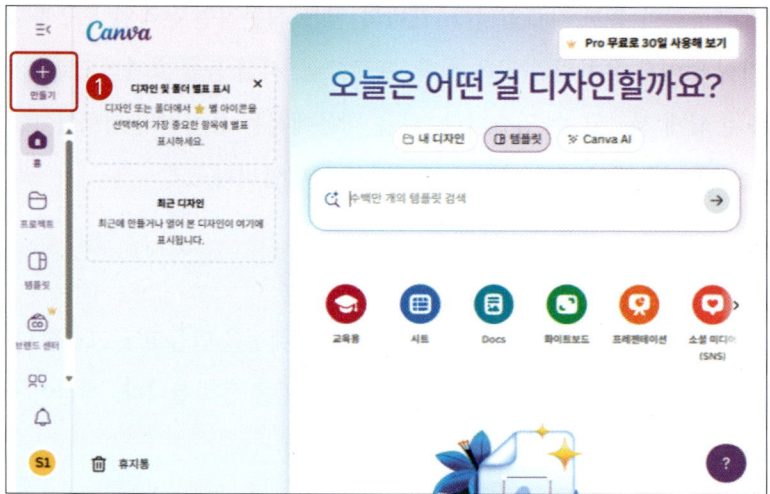

템플릿 선택하기

01 ❶[검색창]에 '3단 리플렛' 또는 '브로슈어'를 입력합니다.

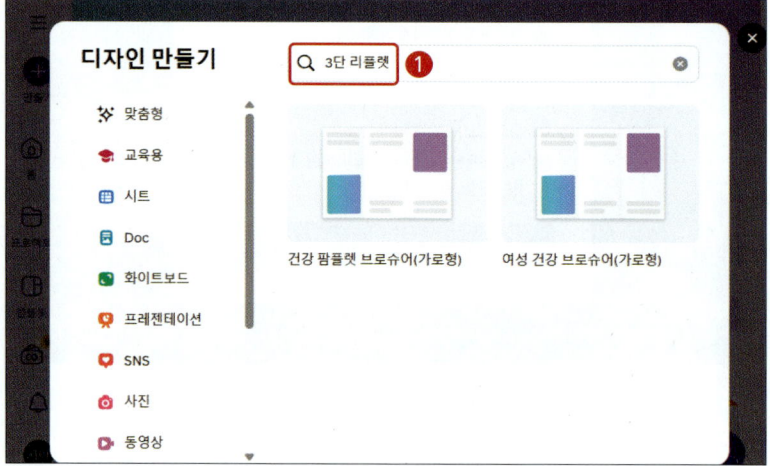

02 검색 결과에서 적당한 ❶[템플릿]을 선택하여 페이지에 적용한 후 ❷[페이지 모두 적용]을 클릭합니다.

리플렛 내용 편집하기

01 선택한 템플릿은 기본 레이아웃과 이미지를 포함하고 있으므로 이 부분들을 우리 유치원의 실제 내용으로 변경합니다. 선택한 템플릿의 ❶[텍스트]를 클릭하여 유치원 이름, 교육 철학, 프로그램 소개, 입학 안내, 연락처 등 필요한 정보를 입력합니다. ❷[텍스트 상자 추가]를 클릭하여 Ⓐ텍스트를 추가 입력할 수 있습니다.

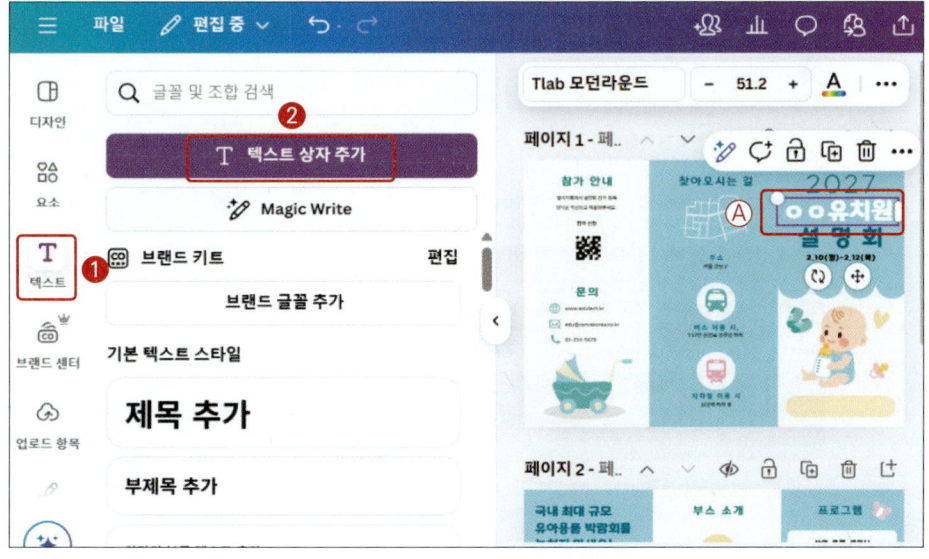

1장 _ 캔바 활용법 디자인과 기록을 한 번에 37

02 ❶[요소]를 클릭하여 ❷[그래픽]에서 다양한 아이콘, 스티커 등 디자인 요소들을 추가하여 리플렛을 더욱 풍성하게 꾸밀 수 있습니다.

03 ❶[업로드 항목]을 클릭하여 우리 유치원의 활동 사진이나 시설 사진을 ❷[파일 업로드]할 수 있습니다.

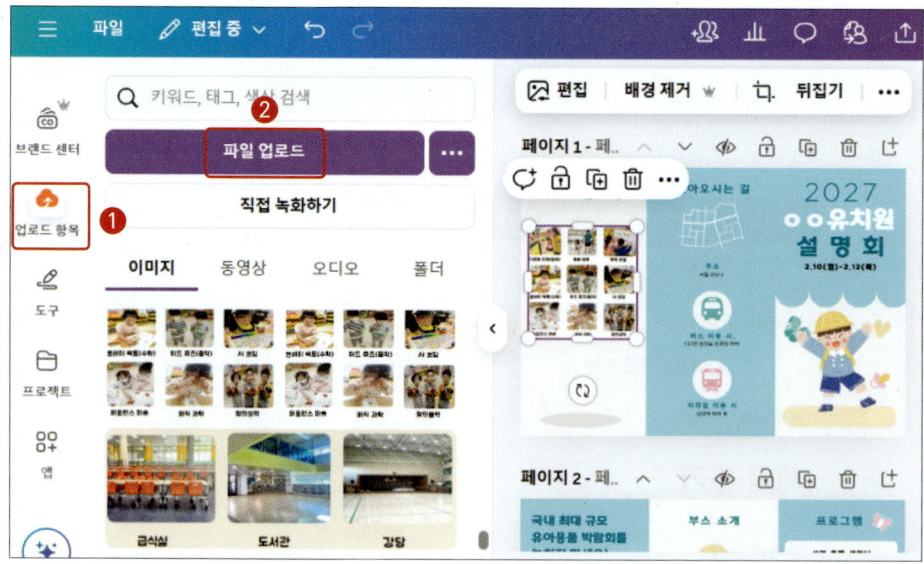

저장 및 출력하기

01 작업이 끝나면 오른쪽 상단의 ❶[다운로드]를 클릭해 ❷[PDF 인쇄]합니다.

02 리플렛 용지, 수량 등을 선택하여 캔바에서 제공하는 인쇄 서비스를 이용할 수 있습니다.

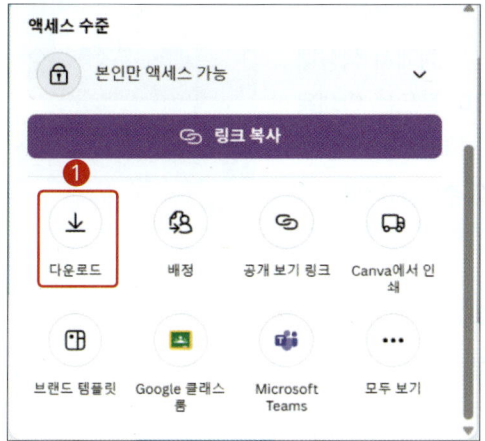 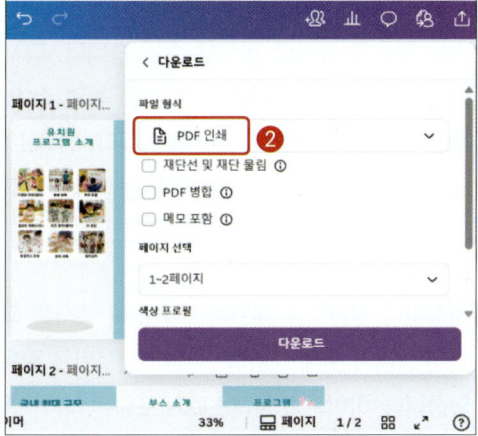

> **활용 꿀팁**
> ✓ 3단 리플렛은 보통 안팎으로 총 6개의 면으로 구성됩니다. 각 면에 어떤 내용을 배치할지 미리 구상해두면 편집하기 편리해요. (예 표지, 환영 메시지, 교육 프로그램, 시설 소개, 입학 안내, 뒷표지/연락처 등)
> ✓ 3단 리플렛은 접히는 부분(접지선)이 있으므로 내용이나 이미지가 접지선에 걸쳐 잘리지 않도록 배치에 유의하세요.

한 걸음 더 나아가기

01. 학부모 참여수업 홍보 배너

학부모 참여수업 등 유치원 행사를 진행할 때 캔바의 사용자 지정 사이즈 설정 기능을 활용하여 유치원 입구에 전시할 배너와 현수막을 맞춤형 크기로 제작할 수 있습니다. 디자인 과정에서 색상대비를 높여 사진의 선명도와 화질을 높일 수 있으며 폰트는 인쇄용 추천 서체로 사용하는 것이 좋습니다. 인쇄소에서 바로 출력할 수 있도록 CMYK PDF로 저장하면 깔끔하게 제작할 수 있습니다.

▲ 유치원 행사 배너

02. 유치원 월별 행사 포스터

계절마다 진행되는 체험학습과 놀이 행사를 더 눈에 띄게 알리기 위해 캔바의 포스터 템플릿을 활용할 수 있습니다. 아이콘과 일러스트가 포함된 다채로운 템플릿 덕분에 주제에 맞는 분위기를 쉽게 살릴 수 있으며 큰 글씨와 밝은 색상을 강조하여 멀리서도 잘 보이는 시안으로 제작하는 것이 좋습니다. 또한 SNS에도 업로드 할 수 있도록 같은 디자인을 다른 크기로 복제해 모바일 게시물로도 활용할 수 있고 가정통신문에도 삽입하여 사용할 수 있습니다.

▲ 포스터

03. 카드뉴스 형식으로 제작된 부모교육 자료

유치원에서 학부모님께 전달하는 부모교육 자료를 더 쉽고 친근하게 전달하기 위해 캔바의 카드뉴스 템플릿을 활용할 수 있습니다. 학부모님께 전달하고 싶은 교육자료를 모바일 화면에 맞춘 크기로 제작해 학부모님들이 스마트폰으로 쉽게 읽을 수 있도록 구성할 수 있으며 마지막에는 더 알고 싶을 때 참고할 자료를 링크로 첨부할 수 있습니다. 또한 완성본은 캔바에서 PNG 파일로 다운로드하여 유치원 학급 홈페이지 및 소통 어플에 탑재해서 활용할 수도 있습니다.

▲ 카드뉴스

01-3 교사가 직접 만들어 보는 놀이자료

캔바는 교사가 직접 유아들의 눈높이에 맞춘 놀이자료를 손쉽게 제작할 수 있는 도구입니다. 역할놀이에 필요한 가격표나 메뉴판부터, 빙고판과 매칭카드 같은 게임 자료, 교사가 유아의 놀이를 기록하는 놀이 기록지, 그리고 퍼즐이나 패턴 활동지까지 다양하게 만들 수 있어 교실 놀이를 풍성하게 확장할 수 있습니다. 캔바의 다양한 디자인과 아이콘을 이용하여 간단하고 심미적으로 자료를 제작할 수 있습니다.

교사가 놀이자료를 제작할 때 다음과 같은 기능을 사용할 수 있습니다.

- **아이콘 삽입:** 터치스크린을 이용하여 유아가 직접 아이콘을 선택하여 꾸밀 수 있습니다.
- **텍스트 삽입:** 텍스트 상자를 이용하여 글자 크기와 글씨체를 선택한 후 원하는 글자를 작성할 수 있습니다.
- **사진 파일 삽입:** 유아들이 직접 만든 간판을 사진파일로 불러와 다양하게 꾸며볼 수 있습니다.

▲ 아이콘 삽입

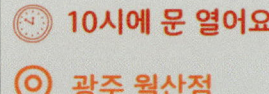
▲ 텍스트 삽입

▲ 사진 파일 삽입

역할놀이 가게 간판 만들기

캔바를 이용하여 만든 과일가게 간판은 유아들이 역할놀이나 가게놀이 활동을 할 때 실제 과일가게처럼 몰입할 수 있도록 도와주는 시각 자료로, 다양한 과일 이미지와 알록달록한 색상을 활용해 유아들의 흥미를 끌고 놀이에 재미를 더할 수 있습니다.

캔바 접속 및 로그인하기

01 PC 또는 모바일 앱에서 캔바(Canva)에 접속해 계정을 만들고 로그인합니다.

02 캔바 홈페이지에 접속한 후 ❶[동의 및 계속하기]를 클릭합니다. 계정이 이미 있다면 로그인합니다.

- 캔바 홈페이지: https://www.canva.com/

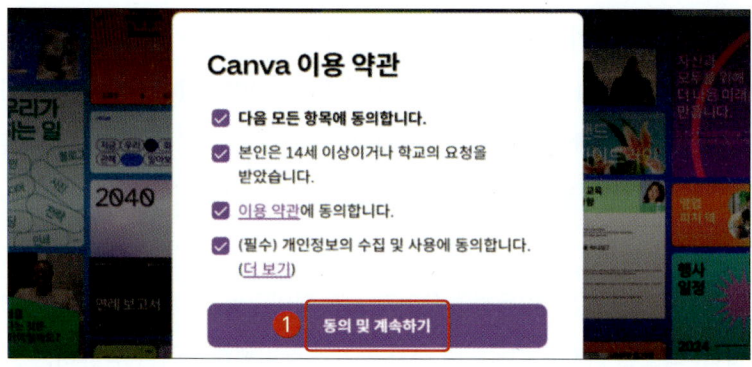

만들기 시작하기

01 홈 화면 왼쪽 상단에 있는 보라색 ❶[만들기]를 클릭합니다. 작은 창의 상단에 검색창이 나타납니다.

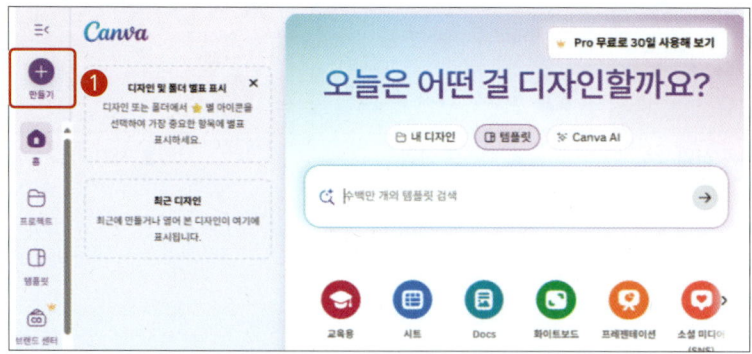

템플릿 선택하기

01 ❶[검색창]에 '시장', '마트', '간판' 키워드 중 하나를 입력합니다. 검색 결과에서 적당한 ❷[템플릿]을 선택한 후 ❸[이 템플릿 맞춤 편집하기]를 클릭합니다.

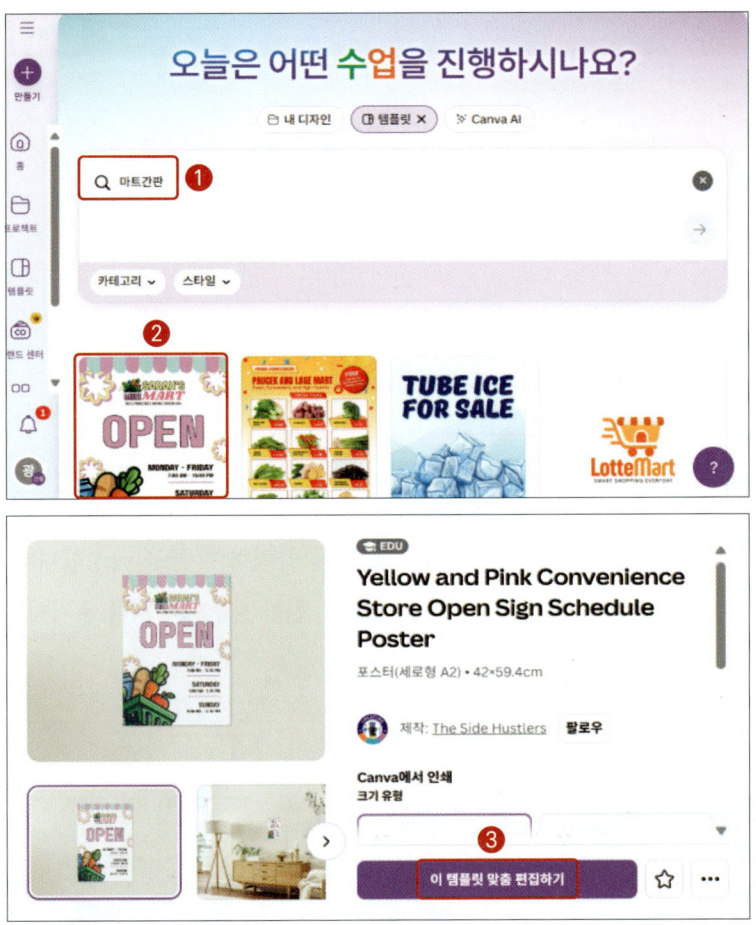

디자인 편집하기

01 선택한 템플릿의 불필요한 부분은 지우고, ❶[크기 조정]을 클릭하여 추천항목 중 ❷[원하는 크기]를 선택한 후 ❸[이 디자인의 크기 조정]을 클릭하여 조정해줍니다.

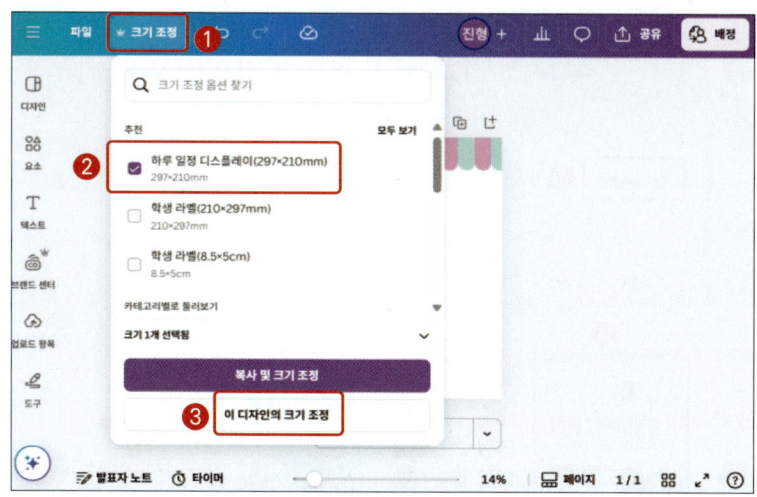

02 ❶[텍스트]를 클릭하고 ❷[텍스트 상자 추가]를 클릭하여 글을 작성합니다. ❸[요소]를 클릭하여 ❹[검색창]에 이미지(예 사과)를 검색한 후 원하는 Ⓐ이미지를 추가하여 위치와 크기를 조정합니다.

03 유아의 그림을 넣고 싶다면 ❶[파일 업로드]를 클릭해 ❷[업로드 항목]에서 사진을 선택 후 원하는 위치에 배치합니다. 사진을 자르고 싶다면 ❸[자르기]를 눌러 크기를 조정합니다.

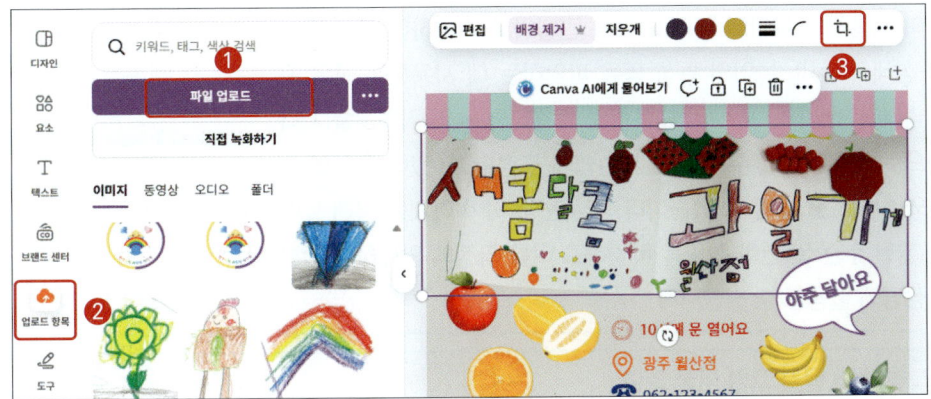

저장 및 출력하기

01 작업이 끝나면 ❶[공유]와 ❷[다운로드]를 클릭해 파일 형식을 ❸[PNG]로 지정하여 저장한 후 ❹[다운로드]합니다.

✓ PC와 연결된 전자칠판을 활용하면 유아들이 직접 편집할 수 있어요.
✓ 링크 공유하기를 통해 동료 교사와 놀이자료를 공동 작업할 수 있어요.

한 걸음 더 나아가기

01. 놀이 이야기
놀이 기록지는 유아의 놀이 과정을 관찰하고 기록하여 유아의 발달 상태와 흥미, 놀이의 특성 등을 파악하는 데 사용하는 교육 자료입니다. 캔바의 '포스터' 템플릿을 활용하면 놀이 기록지를 시각적으로 매력적이고 주제에 맞게 손쉽게 구성할 수 있어 유아의 흥미와 참여도를 높일 수 있습니다. 교사는 놀이 이야기를 통해 유아의 발달 수준 및 변화 정도를 파악하고 이를 가정에 안내하여 학부모상담에 활용할 수 있습니다.

▲ 놀이 기록지

02. 찾아라! 글자 그림 짝꿍 놀이
단어 카드는 글자와 그림이 함께 담겨 있어 유아들이 시각적 정보를 통해 어휘를 쉽게 이해하고 학습할 수 있도록 돕는 교육 도구입니다. 캔바의 'A4(가로형)' 템플릿을 활용하면 한눈에 보기 쉽고 넉넉한 크기의 단어 카드를 깔끔하게 디자인하여 유아들이 글자와 그림을 쉽게 매칭할 수 있도록 도울 수 있습니다.

▲ 단어카드

03. 단어 빙고게임
유아는 단어 빙고게임을 통해 자연스럽게 글자와 단어에 노출되어 어휘력과 문자 인식 능력을 향상시킬 수 있습니다. 캔바의 '워크시트' 템플릿을 활용하면 봄에 만날 수 있는 한글 단어를 주제로 한 빙고게임을 쉽고 감각적으로 제작할 수 있어 유아들의 흥미와 학습 집중도를 높일 수 있습니다.

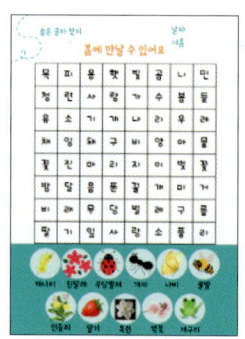
▲ 빙고게임 활동지

01-4 교사와 유아가 함께 만들어가는 놀이 기록

놀이 기록은 유아가 놀이 속에서 보여주는 생각, 감정, 상호작용을 담아내어 발달 과정을 이해하고 교육의 방향을 세우는 데 중요한 역할을 합니다. 캔바는 이러한 놀이 기록을 시각적으로 정리하고 공유하는 데 효과적인 도구입니다. 사진, 영상, 글, 그림 등을 쉽게 배치해 기록할 수 있으며, 유아도 간단한 기능을 활용해 꾸미기와 편집에 참여할 수 있습니다.

캔바를 이용한 놀이 기록은 교사가 유아의 사진 및 활동 영상을 손쉽게 업로드할 수 있으며, 도구 및 요소와 같은 기능을 활용하여 유아와 함께 기록을 만들어 갈 수도 있습니다.

- **사진 및 영상 업로드:** 놀이 장면을 쉽게 불러와 기록에 활용할 수 있음
- **텍스트 상자 추가:** 교사의 관찰 기록이나 유아의 말, 생각을 적어 넣을 수 있음
- **쓰기 기능 활용:** 유아가 직접 글자를 입력하거나 간단한 문장을 적어 기록에 참여함
- **스티커 및 아이콘 삽입:** 놀이 상황에 맞는 재미있는 이미지를 추가하여 생동감 있게 꾸밀 수 있음
- **페이지 번호 넣기:** 기록물의 순서를 확인하고 정리하기에 유용함

▲ 사진 업로드를 활용한 놀이 기록

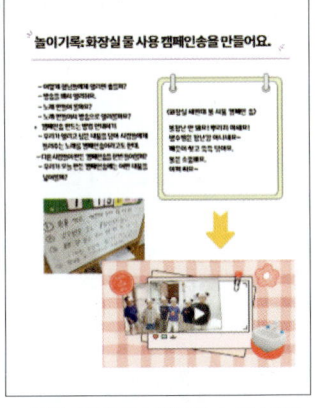
▲ 영상 업로드를 활용한 놀이 기록

▲ 유아와 함께 하는 기록

우리 반 놀이 기록하기

캔바는 다양한 매체를 손쉽게 담을 수 있을 뿐만 아니라 우리 반에서 이루어진 놀이 및 활동의 사진과 영상을 함께 정리하기에도 유용합니다. 교사는 캔바에 사진을 업로드하여 원하는 템플릿을 구성할 수 있고, 이를 통해 보다 체계적이고 생동감 있는 놀이 기록을 만들 수 있습니다. 한 번 직접 따라 해볼까요?

캔바 접속 및 로그인하기

01 PC 또는 모바일 앱에서 캔바(Canva)에 접속해 계정을 만들고 로그인합니다.

02 캔바 홈페이지에 접속한 후 ❶[동의 및 계속하기]를 클릭합니다. 계정이 이미 있다면 로그인합니다.

- 캔바 홈페이지: https://www.canva.com/

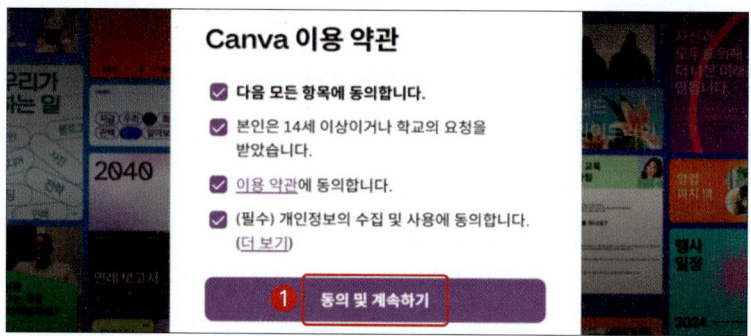

만들기 시작하기

01 홈 화면 왼쪽 상단에 있는 ❶[만들기]를 클릭합니다. 작은 창의 상단에 검색창이 나타납니다.

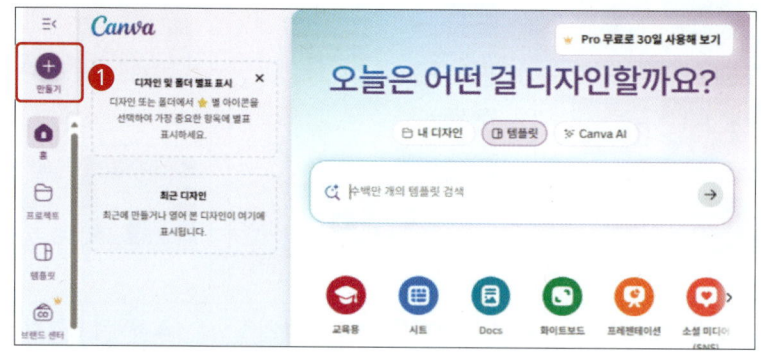

템플릿에 사진 업로드하기

01 좌측 메뉴에서 ❶[업로드 항목]을 선택한 후 ❷[파일 업로드]를 클릭합니다.

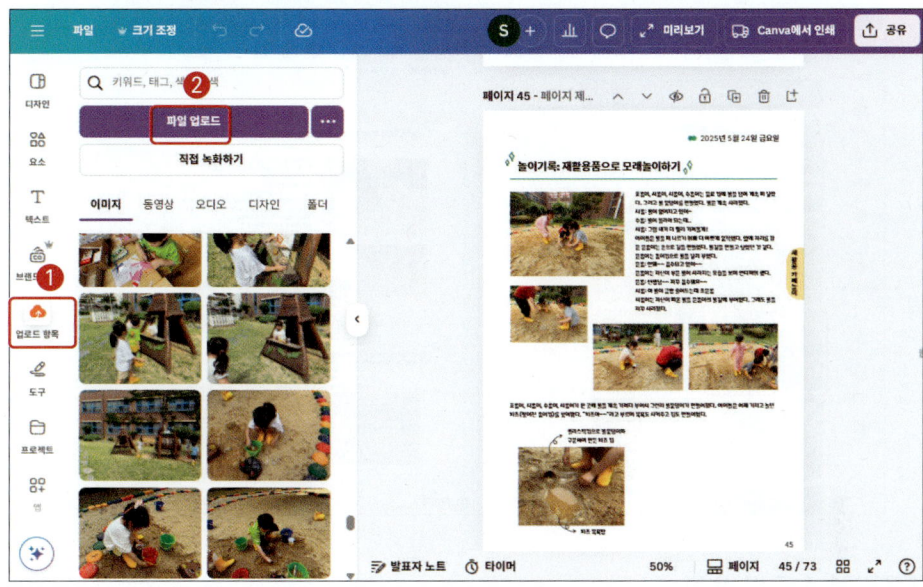

02 원하는 ❶[사진]을 클릭하면 업로드 창에 추가되며, Ⓐ선택한 사진이 업로드된 것을 확인할 수 있습니다.

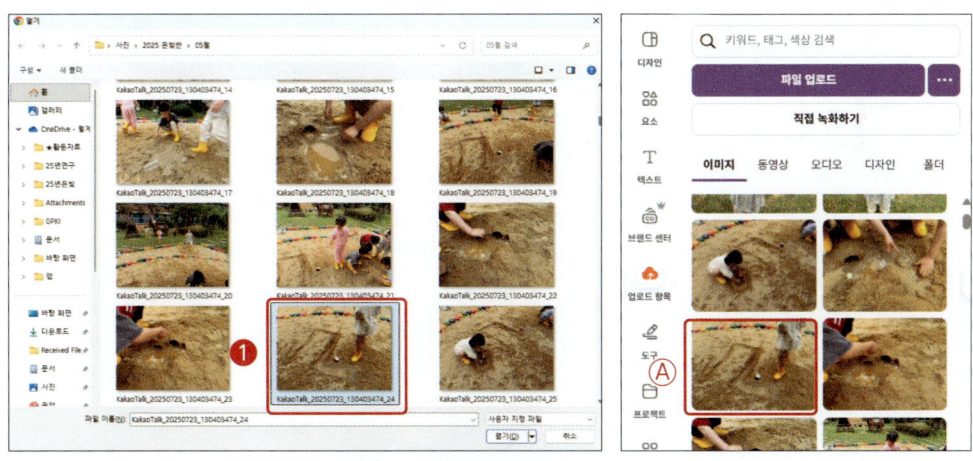

03 삽입하려는 ❶[사진]을 클릭하면 Ⓐ선택한 사진이 템플릿에 바로 적용됩니다. 동영상도 동일한 방법으로 넣을 수 있습니다.

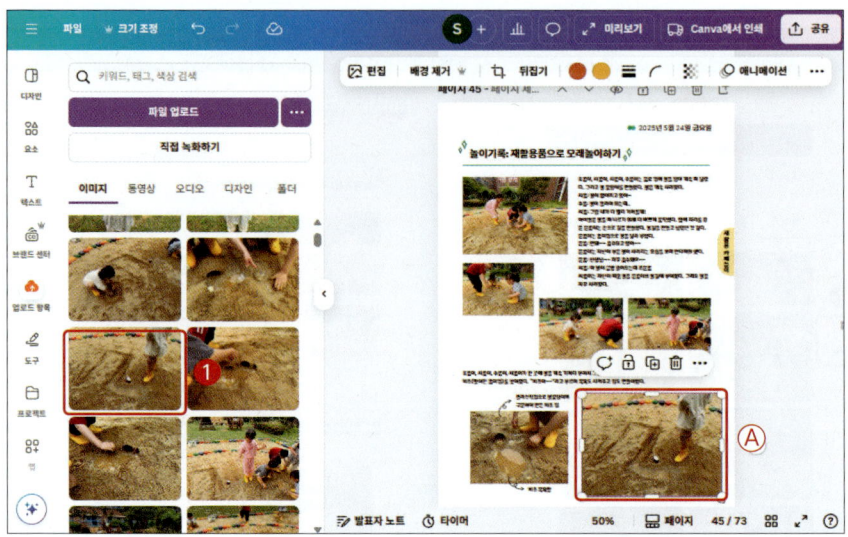

템플릿에 손글씨 쓰기

01 좌측 메뉴에서 ❶[도구]를 클릭한 후, ❷[그리기] 기능을 활용하면 원하는 그림이나 글자를 자유롭게 표현할 수 있습니다. 손으로 직접 그리기보다는 터치펜을 사용하면 더욱 편리하게 표현할 수 있습니다.

템플릿에 페이지 번호 적용하기

01 기록물이 많아질수록 자료를 정리하고 쉽게 찾기 위해 페이지 번호를 추가하는 것이 좋습니다. 좌측 메뉴에서 ❶[텍스트]를 클릭한 후, ❷[페이지 번호]를 선택하면 템플릿 전체에 자동으로 페이지 번호가 삽입됩니다.

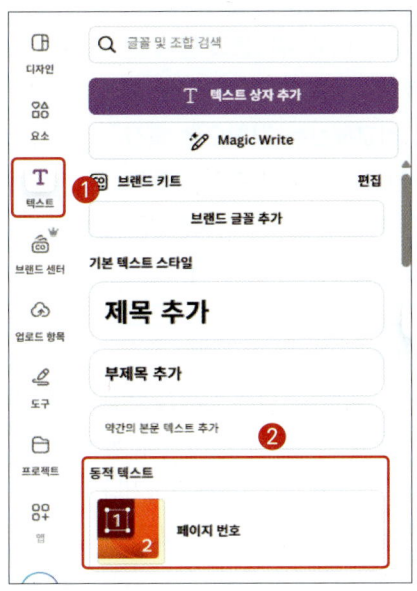

 활용 꿀팁

- ✓ PC에 있는 사진이나 동영상 파일을 복사(Ctrl+C)한 뒤 템플릿에 커서를 놓고 붙여넣기(Ctrl+V)를 하면, 해당 파일이 '템플릿'과 '업로드 항목' 모두에 자동 삽입되어 작업하기 편리해요.
- ✓ [업로드 항목]에는 사진, 동영상, 오디오 파일 등을 모아둘 수 있어요. [폴더]별로 나누어 정리하면 자료를 훨씬 효율적으로 활용할 수 있답니다. 예를 들어, '0월 0일 자유놀이', '0월 0일 바깥놀이'와 같이 주제별 폴더를 만들어 두면 필요한 순간에 원하는 자료를 빠르게 찾아 편집할 수 있습니다.
- ✓ 글자 개체를 선택하여 크기나 위치, 기울기 등을 조정하면 글자 모양을 더 읽기 좋게 다듬을 수 있어요.
- ✓ 놀이 기록을 공유할 때 PDF 파일에서는 동영상 재생이 어렵지만, [공유]→[프리젠테이션] 기능을 활용하면 기록에 담긴 동영상도 함께 감상할 수 있어 더욱 생생하게 공유할 수 있어요.

한 걸음 더 나아가기

01. 우리 반이 좋아하는 것을 알아보며 그래프로 기록해요.

유아들과 함께 가장 좋아하는 동물, 과일, 색깔 등에 대해 이야기 나누다 보면 자연스럽게 선호도를 알아보는 활동으로 이어질 때가 있습니다. 이때 유아들과 함께 손으로 그래프를 만들어 기록하는 활동은 유아가 스스로 자료를 수집하고 분류하며 비교해보는 경험으로 확장됩니다. 보다 정확한 시각 자료가 필요할 경우, 캔바의 [앱]-[차트] 기능을 활용하면 막대그래프 등 다양한 그래프를 손쉽게 만들 수 있어 유아와 결과를 함께 기록하고 이야기 나누는 데 효과적입니다.

▲ 그래프 기록하기

02. 놀이 달력을 만들어 우리들의 놀이를 기록해요.

캔바의 달력 템플릿을 활용해 유아들과 함께 날짜를 쓰고 꾸며보며, 우리 반만의 놀이 달력을 만들 수 있습니다. 유아들은 그날의 놀이를 그림이나 글로 간단히 표현하거나 사진을 출력해 붙이면서 자신들의 하루를 되돌아보고 놀이에 대해 이야기 나누는 시간을 가질 수 있습니다. 직접 만든 달력은 교실에 게시하여 놀이의 흐름과 관심의 변화를 함께 살펴보는 자료로도 활용할 수 있습니다.

▲ 놀이 달력에 기록하기

03. 우리 반의 생생한 놀이 기록을 가정과 공유해요.

캔바를 활용하면 유아들의 놀이 장면을 사진과 글, 그림 등 다양한 방식으로 정리하여 생생한 놀이 이야기로 꾸밀 수 있습니다. 완성된 기록물은 PDF 등 여러 형식으로 저장하고 공유할 수 있어 가정에서도 유아의 놀이를 함께 돌아보고 공감하는 소통의 매개가 됩니다. 이를 통해 가정에서도 유아의 놀이를 바라보는 이해와 관심이 더욱 깊어지며, 유아의 놀이를 중심으로 한 가정과의 협력이 자연스럽게 이루어지는 교육적 기반을 마련할 수 있습니다.

▲ 가정과 놀이 기록 공유하기

01-5 유아 활동을 담은 뮤직비디오 만들기

유아들의 하루하루는 소중한 배움과 즐거움으로 가득 차 있지만 그 순간들은 금세 지나가 버리곤 합니다. 이때 교실에서의 이야기를 뮤직비디오나 포토 무비 등 영상으로 제작하면 유아들의 일상을 특별한 이야기로 담아 오래도록 기억할 수 있습니다. 유아들은 자신이 주인공이 되어 노래하고 움직이는 영상을 보며 성취감과 자신감을 얻고, 함께 만드는 과정에서 협력과 소통의 즐거움을 경험합니다. 교사는 영상 제작으로 학급 놀이와 활동을 한눈에 기록할 수 있으며 이를 가정과 공유하여 소통할 수 있습니다.

유아들의 일상을 담아 만들 수 있는 영상으로는 다음과 같은 것들이 있습니다.

- **뮤직비디오**: 동요와 율동을 유아들이 직접 부르고 춤추는 영상, 동요 음원에 유아들의 그림 및 작품 사진을 삽입하여 재생하는 영상
- **포토 무비**: 놀이 및 활동사진을 모아 음악과 함께 스토리텔링 형식으로 제작한 영상
- **캠페인 영상**: 기본생활습관, 안전, 인성, 환경보호 활동 등을 타인에게 알리고 참여를 격려하는 영상

▲ 동요 뮤직비디오　　▲ 포토 무비　　▲ 캠페인 영상

동요 뮤직비디오 만들기

영상은 학급의 기록이자 교사와 유아의 협력 작품입니다. 함께 만든 영상은 학급의 화합력을 높이고, 창의성을 발현하는데 도움이 됩니다. 캔바는 편집에 필요한 도구를 직관적인 아이콘으로 표현하여 초보자도 쉽게 영상을 제작할 수 있습니다. 다음은 뮤직비디오를 예로 들어 단계별로 영상을 제작하는 방법입니다. 포토 무비와 캠페인 영상도 동일한 방식으로 응용 가능합니다.

캔바 접속 및 로그인하기

01 PC 또는 모바일 앱에서 캔바(Canva)에 접속해 계정을 만들고 로그인합니다.

02 캔바 홈페이지에 접속한 후 ❶[동의 및 계속하기]를 클릭합니다. 계정이 이미 있다면 로그인합니다.

- 캔바 홈페이지: https://www.canva.com/

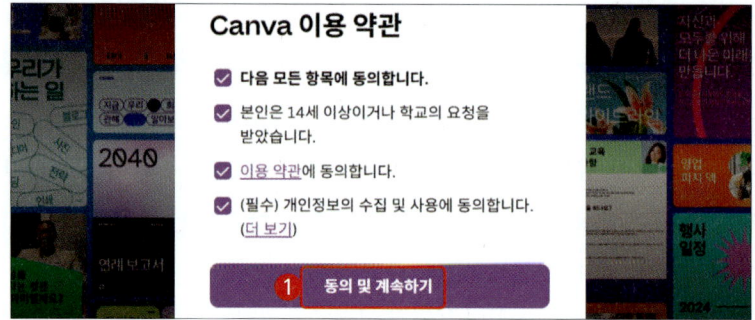

영상 만들기 시작하기

01 홈 화면 왼쪽 상단에 있는 보라색 ❶[만들기]를 클릭합니다. 작은 창의 상단에 검색창이 나타납니다.

02 영상 제작을 위해 ❶[동영상]을 클릭합니다. 영상을 시청 및 배급하고자 하는 디지털 기기의 유형을 고려하여 제작할 수 있습니다. 동영상(가로형)은 PC 전체화면으로 유아들과 시청하기 용이합니다. ❷[동영상(가로형)]을 선택해보겠습니다.

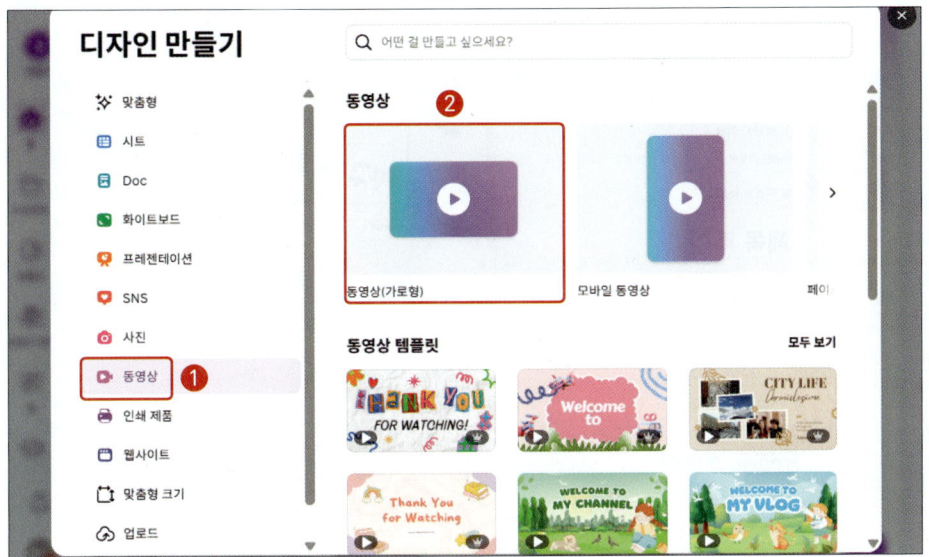

영상 표지 만들기

01 ❶[디자인]을 클릭하면 템플릿 검색창이 나타납니다. 영상에 활용할 템플릿 디자인을 검색합니다. 제작할 영상의 주제와 관련된 키워드를 검색하면 적절한 템플릿을 다양하게 확인할 수 있습니다. ❷[템플릿]을 선택하여 적용합니다. 적용된 템플릿은 영상의 첫 페이지 (표지), 배경 디자인이 됩니다.

02 선택한 템플릿의 ❶[텍스트]를 클릭하여 영상의 제목을 입력합니다. ❷[텍스트 상자 추가]를 클릭하여 Ⓐ텍스트를 추가 입력할 수 있습니다. 텍스트 상자는 영상 자막으로도 활용할 수 있습니다. ❸[텍스트 편집 상자]에서 글꼴, 크기, 색 등을 편집합니다.

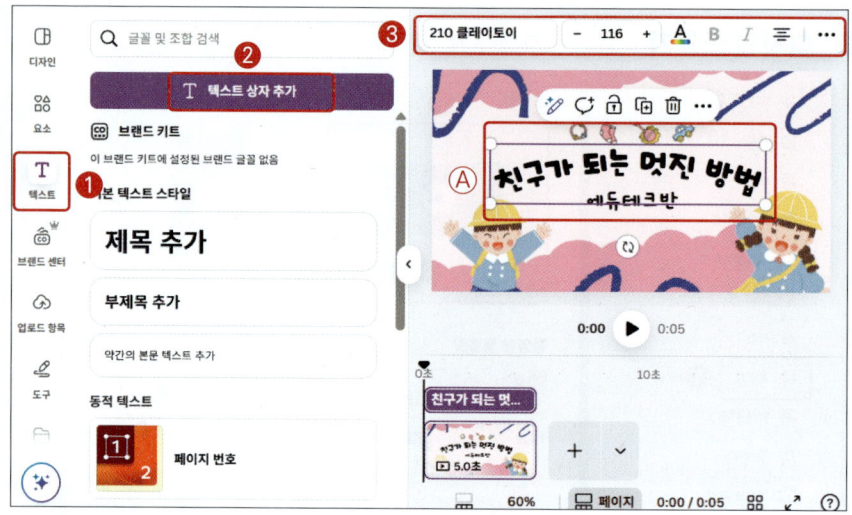

영상 삽입하기

01 표지 페이지 옆 ❶[+]를 클릭하여 새로운 페이지를 만들어 줍니다.

02 ❶[업로드 항목]를 클릭하여 ❷[파일 업로드]에서 유아들과 촬영한 사진, 동영상을 불러올 수 있습니다. 또한 ❸[…]를 클릭하여 구글 드라이브, 인스타그램 등과 연동하여 업로드 가능합니다. 업로드가 완료된 후 ❹[동영상]을 클릭하여 페이지에 삽입합니다. 삽입된 동영상은 페이지에 맞추어 크기를 조정합니다.

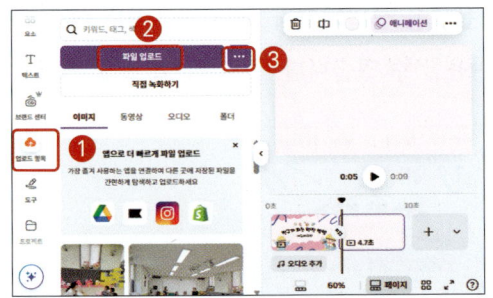 

03 편집창의 ❶[소리 버튼]을 클릭하여 동영상의 볼륨을 조절할 수 있습니다.

음원 삽입하기

01 음원을 삽입하고자 하는 부분에 ❶[화살표]를 둡니다. 좌측 메뉴에서 ❷[오디오]를 선택하거나 작업 창에서 ❷[오디오 추가]를 클릭하면 오디오 검색창이 나타납니다. ❸[검색창]에 영상의 분위기와 어울리는 키워드를 입력하여 음원을 검색합니다. 삽입하고자 하는 ❹[음원]을 클릭합니다. Ⓐ오디오가 삽입된 것을 확인할 수 있습니다.

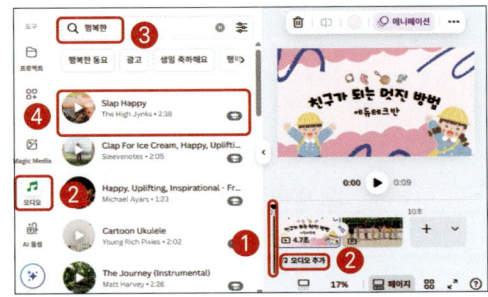 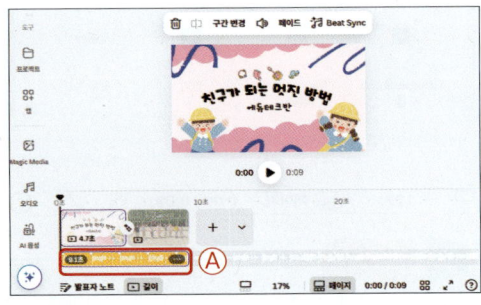

1장 _ 캔바 활용법 디자인과 기록을 한 번에 **57**

02 유아들의 목소리, 동요 음원 등 특정한 음원을 삽입하고자 하는 경우에는 ❶[업로드 항목]에서 ❷[오디오] 음원 파일을 업로드하여 활용할 수 있습니다.

저장 및 다운로드하기

01 작업이 완료된 후 오른쪽 상단의 ❶[공유]와 ❷[다운로드]를 클릭합니다. 파일 형식을 ❸[MP4 동영상]으로 선택하여 ❹[다운로드]합니다.

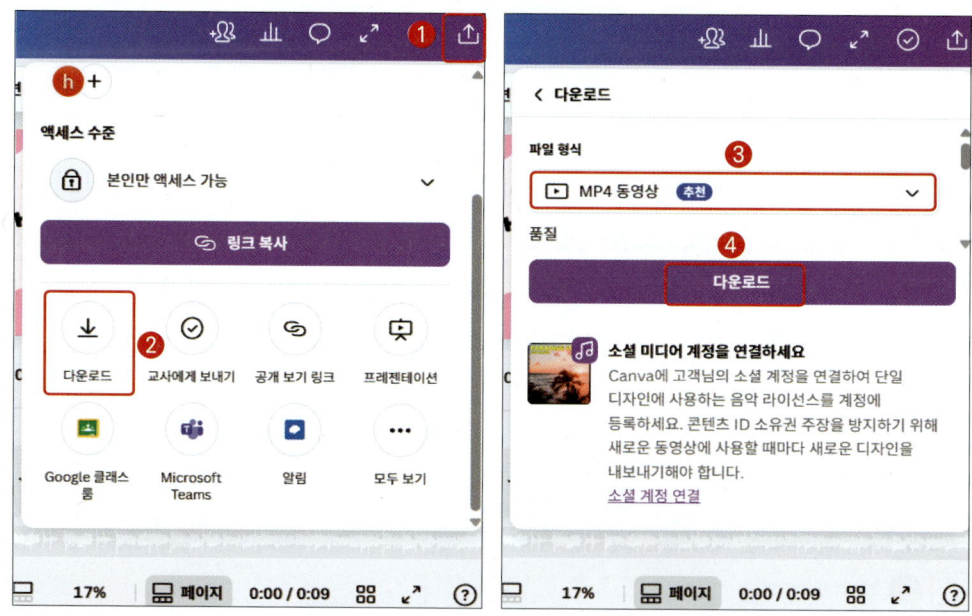

🔊 활용 꿀팁

- ✓ SUNO, Pippit, Chat GPT 등과 연계하여 노래, 나레이션, AI 영상을 적용하면 우리 반 맞춤형 영상을 제작할 수 있어요.
- ✓ '전환 효과'와 '요소 애니메이션'을 활용하면 장면 전환이 자연스럽고, 생동감 있는 표현이 가능해요.
- ✓ 배경음악과 유아들의 목소리가 겹칠 때는 '오디오 음량 조절', '페이드' 기능으로 원하는 오디오를 또렷하게 살릴 수 있어요.

한 걸음 더 나아가기

01. 유치원 행사에서 활용할 수 있는 영상

유치원에서 열리는 입학식, 졸업식, 운동회, 발표회 등 큰 행사에는 오프닝이나 엔딩 영상이 분위기를 한층 살려줍니다. 유아들의 환영 인사나 준비 모습이 담긴 영상은 행사의 기대감을 높입니다. 또한 졸업식에서 유아 사진과 함께 짧은 소감을 녹음하여 제작한 영상은 유치원 생활을 돌아보게 하며, 따뜻한 마무리를 할 수 있도록 돕습니다.

▲ 졸업식 영상

02. 유치원을 한눈에 파악할 수 있는 소개 영상

학부모 오리엔테이션에서 유치원 전체를 소개하는 영상은 홍보에 효과적입니다. 유치원 하루 일과나 주요 교육 활동, 교육 철학을 짧은 영상에 담아내는 것은 글이나 사진보다 훨씬 직관적으로 전달됩니다. 유치원 소개 영상은 홈페이지, SNS, 학부모 단체 채팅방 등에 공유하기 편리하여 접근성과 활용도가 높습니다.

▲ 유치원 소개 영상

03. 유아 작품 디지털 전시회 영상

유아들이 만든 그림, 만들기, 글 등을 모아 '디지털 전시회' 형식으로 영상화할 수 있습니다. 각 작품에 유아들의 이름과 간단한 설명 자막을 덧붙이면 온라인 갤러리처럼 활용 가능합니다. 전시 공간이 부족하거나 모든 작품을 한번에 전시하기 어려울 때도 좋은 대안이 됩니다.

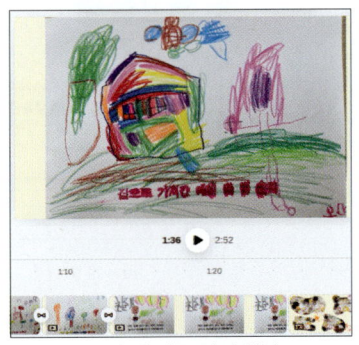
▲ 유아 작품 전시 영상

| 미니특강 | 교사를 위한 캔바 프리미엄 무료 이용 방법 Canva for Education |

Canva for Education은 전 세계 교사와 학생들을 위해 무료로 제공되는 캔바의 교육용 서비스입니다. 유료 서비스(프리미엄)의 모든 기능을 포함하고 있어 더 많은 폰트와 이미지, 동영상 요소를 사용하고 배경 제거, 브랜드 색상 관리, 협업 기능 등도 모두 활용할 수 있습니다. 국내 유치원·학교 교사도 신청할 수 있으며 공인된 교육 이메일이나 교사 인증만 거치면 됩니다.

[Canva for Education 신청 단계]

01 '교사'를 선택하고, 재직 중인 유치원(학교) 이름과 국가를 입력합니다.

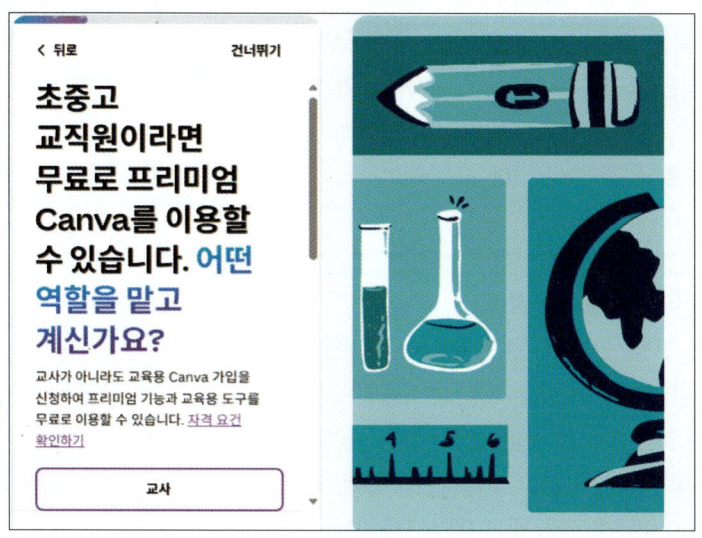

02 교사임을 증빙할 수 있는 이메일 주소(교육용 이메일)나 증빙 문서를 첨부합니다. (학교 이름과 교육청 발급 이메일을 입력하면 승인 속도가 빠릅니다.)

03 캔바에서 승인이 완료되면 승인 메일이 전송됩니다. (1~3일 이내)

승인 후 로그인하면 계정 설정 요금제에서 교육용 Canva로 입력된 것을 확인할 수 있습니다. 이제 프리미엄 기능을 제한 없이 무료로 이용할 수 있습니다.

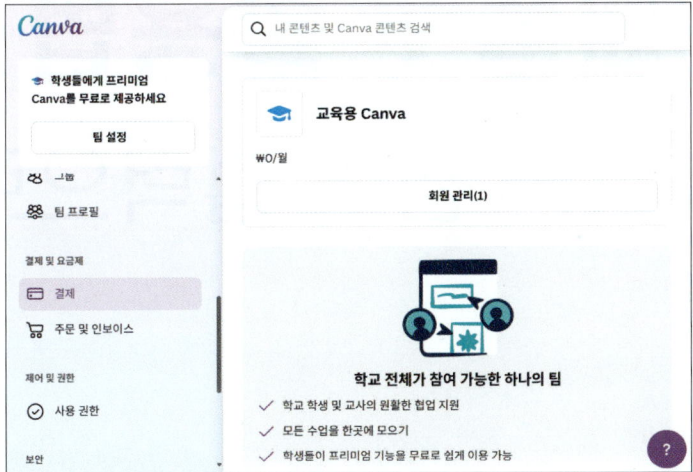

> 교사의 TIP
> - 개인 메일(@naver.com, @gmail.com 등)로도 신청 가능하지만, 학교/교육청 메일로 하면 더 빨리 승인됩니다.
> - 이미 유료 계정을 사용 중이라면 고객센터에 문의해 Education 계정으로 전환할 수도 있습니다.

패들렛 활용법

기록을 넘어 협력으로

패들렛(Padlet)란?

"온라인에서 사진·영상·문서를 한 공간에 모아
기록하고 공유하며 협력할 수 있는 디지털 보드"

교사는 놀이 활동 기록을 남기고 동료교사, 학부모와 소통하며 자료를 공유하는 것이 중요합니다. 패들렛은 이러한 기록과 소통을 한 곳에서 모아 관리하고 함께 의견을 나누며 발전시킬 수 있도록 돕는 협력형 도구입니다. 다양한 자료를 쉽고 빠르게 올리고 모두가 한 화면에서 확인하며 소통할 수 있는 점이 특징입니다.

패들렛을 활용하면 동료 교사와 학급 운영 아이디어나 놀이자료를 함께 개발·공유할 수 있고 유아 활동을 실시간으로 기록해 학부모와 공유함으로써 가정과의 연계도 강화할 수 있습니다. 단순한 기록을 넘어 협력과 확장으로 이어질 수 있다는 점이 큰 장점입니다.

이 장에서는 패들렛의 주요 기능과 다양한 활용 아이디어를 통해 교사가 놀이 기록·소통·협력 문화를 자연스럽게 수업과 학급 운영에 통합할 수 있는 방법을 안내합니다.

▲ 패들렛을 활용한 놀이 기록

02-1
동료 교사와 함께 나누며 성장하기

　기관에서는 수업 자료, 놀이 아이디어, 관찰기록, 학급 운영 노하우 등 교사 간에 공유가 필요한 정보가 많습니다. 패들렛은 이러한 자료를 한 곳에서 정리하고 누구나 쉽게 접근할 수 있는 디지털 보드를 제공합니다. 교사들은 각자의 자료를 업로드하고 동료들의 아이디어를 확인하며 의견을 나누는 과정을 통해 서로 배우고 성장할 수 있습니다. 패들렛 보드를 활용하면 기관 내 정보가 흩어지지 않고 체계적으로 관리되며 기관이 처음인 교사들도 빠르게 자료를 확인하고 기관 문화를 이해할 수 있습니다. 또한 댓글과 첨부 자료 기능을 통해 실시간으로 피드백과 개선 아이디어를 공유할 수 있어 교사 간 협력이 자연스럽게 이루어집니다.

　패들렛은 단순히 자료를 올려두는 것만으로도 협력이 가능하지만 각 템플릿을 잘 활용하면 교사 간 공유와 협력이 훨씬 효율적이고 체계적으로 이루어질 수 있습니다. 특히 유용하게 사용할 수 있는 패들렛의 주요 템플릿은 다음과 같습니다.

- **담벼락 (Wall)**

　가장 기본적인 형태로, 포스트잇처럼 게시물을 자유롭게 올리고 원하는 대로 옮겨서 배치할 수 있는 템플릿입니다. 게시물들이 자동으로 겹쳐지거나 쌓이는 방식이라 아이디어를 자유롭게 쏟아내고 빠르게 공유할 때 가장 유용합니다.

- **그리드 (Grid)**

게시물들이 깔끔하게 정사각형 또는 직사각형 형태로 가지런히 정렬되는 템플릿입니다. 바둑판처럼 각 칸에 게시물이 딱딱 맞춰져 배열되어 보기에 매우 깔끔합니다. 정보를 분류하거나 체계적으로 정리할 때 사용하기 좋습니다.

- **타임라인 (Timeline)**

게시물들이 시간의 흐름에 따라 가로 또는 세로 방향으로 길게 나열되는 템플릿입니다. 특정 사건의 순서나 프로젝트의 진행 단계를 한눈에 보여줄 때 효과적입니다. 시간의 변화나 과정을 보여주는 활동에 아주 적합합니다.

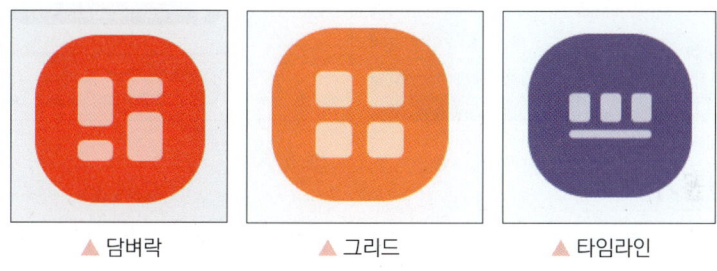

▲ 담벼락   ▲ 그리드   ▲ 타임라인

유치원 설명서 패들렛 보드 제작하기

우리 기관의 교육과정, 학급 운영 방식, 놀이 자료, 연간 행사 일정 등 기관 내에서 공유가 필요한 정보를 패들렛 보드로 정리합니다. 각 항목을 카드로 만들어 사진, 문서, 영상 등을 첨부하고, 동료 교사들이 필요한 자료를 쉽게 확인하고 의견을 남길 수 있도록 구성합니다. 이 과정을 통해 교사들은 유치원의 운영 방식과 교육 철학을 빠르게 이해할 수 있으며 서로의 아이디어를 확인하고 개선점을 제안하며 협력과 성장의 기회를 갖게 됩니다.

패들렛 접속 및 로그인

01 웹 브라우저를 열고 https://padlet.com에 접속합니다.

02 오른쪽 상단의 ❶[로그인] 버튼을 클릭하여 Ⓐ구글, 마이크로소프트 계정, 애플 계정으로 로그인합니다.

새 보드 만들기

01 ❶[만들기]를 클릭해 ❷[새 게시판]을 생성 후 ❸[컬럼] 템플릿을 선택합니다.

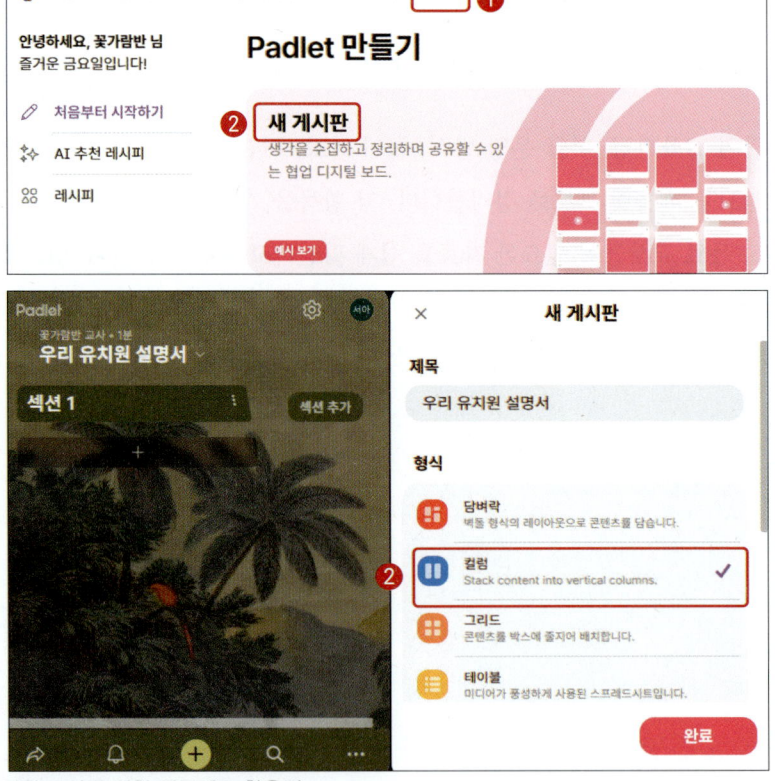

생성한 패들렛 정보 설정 및 디자인하기

01 ❶[설정] 버튼을 클릭해 패들렛의 기본 정보를 입력하고 ❷[제목]에는 설명서의 명확한 제목을 입력합니다. (예 "OO유치원 설명서", "새로운 교사를 위한 OO유치원 사용법") ❸[설명] 칸에는 이 패들렛의 목적과 활용법을 간략하게 설명합니다. (예 "OO유치원에 오신 새로운 선생님들을 환영합니다! 이 패들렛은 선생님들의 유치원 적응을 돕기 위한 필수 정보들을 담고 있습니다.")

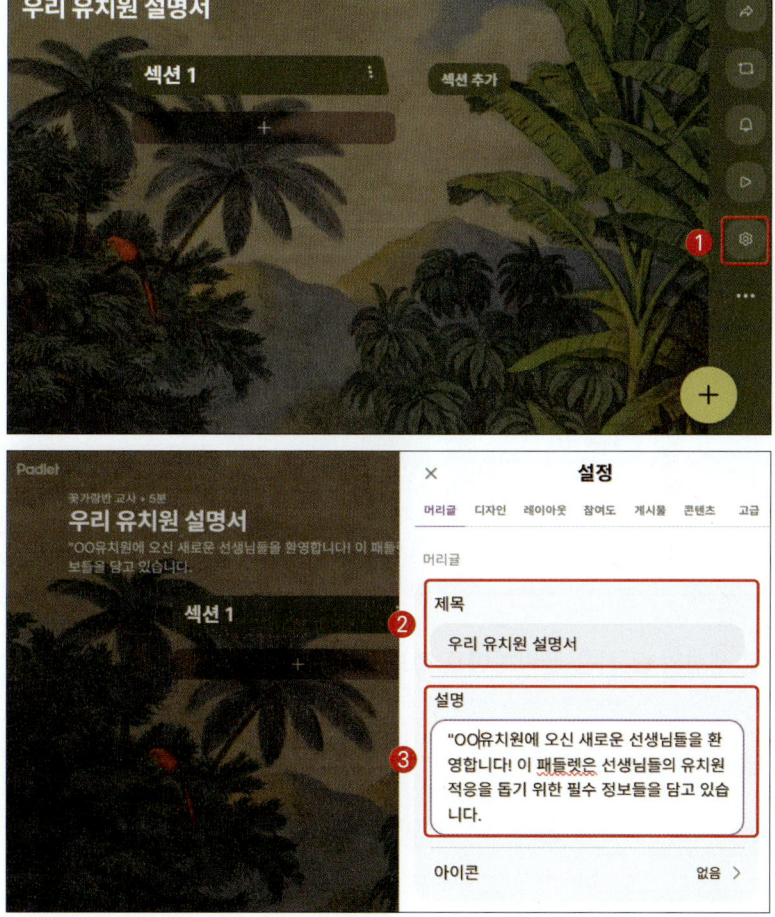

02 유치원의 분위기와 어울리는 단색, 그라디언트, 질감, 사진 중에서 선택하여 ❶[배경화면]을 설정합니다. ❷[색상 스킴], [글꼴]에서 원하는 글씨 색상과 글꼴을 선택하여 가독성을 높입니다.

내용 입력하기

01 설정 저장이 완료되면 화면에 아무 내용도 없는 빈 선반 패들렛이 나타납니다. ❶[섹션]을 클릭하고 ❷[섹션 이름 변경]을 선택해 Ⓐ섹션 이름을 변경합니다.

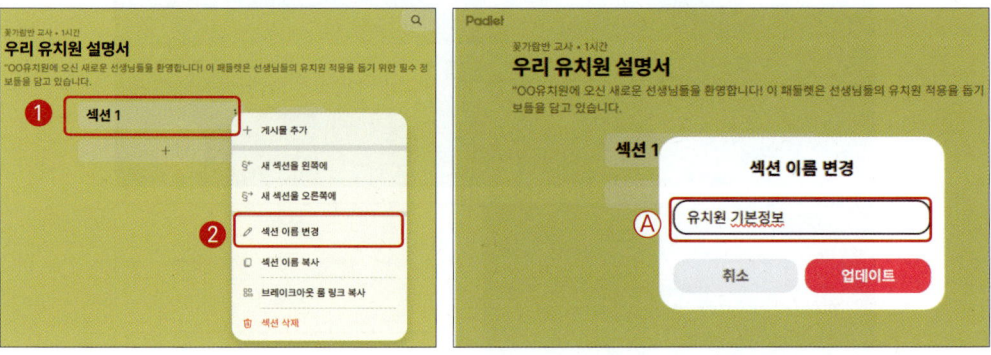

02 생성된 섹션의 ❶[+]를 클릭하여 Ⓐ정보를 입력합니다.

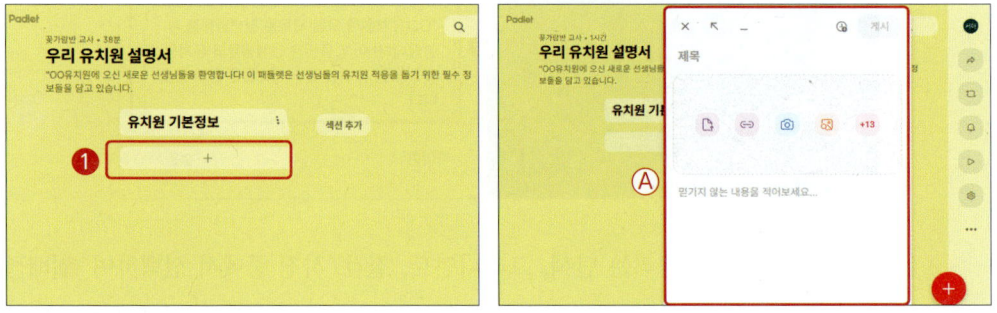

03 원하는 만큼 ❶[섹션 추가] 버튼을 반복하여 필요한 모든 카테고리를 생성합니다. (예) 유치원 기본 정보, 각 실 연락처, 비밀번호 안내, 주요 시설 이용, 업무 가이드라인, 비상 시 대처 방법 등)

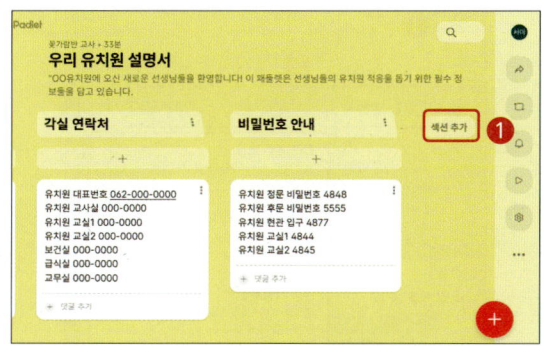

04 ❶[+]를 클릭해 전달하고 싶은 Ⓐ정보를 입력 합니다.

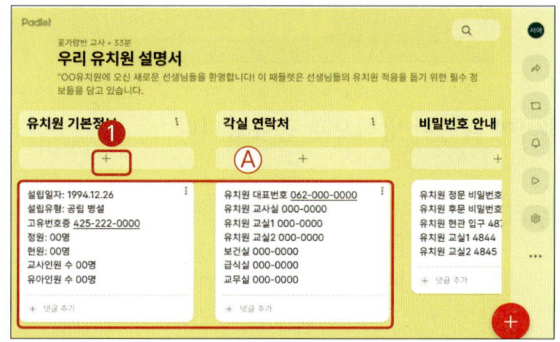

패들렛 공유하기

01 화면 우측 상단의 ❶[공유] 버튼을 클릭합니다.

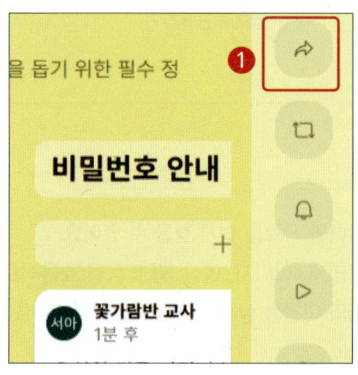

02 ❶[권한]에서 ❷[링크가 있는 방문자]를 클릭하면 Ⓐ원하는 방문자 권한을 설정할 수 있습니다.

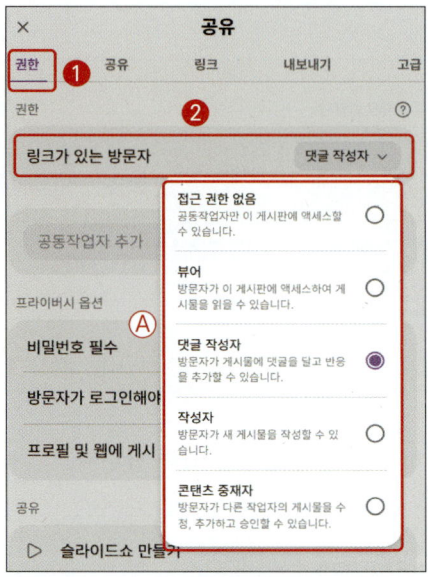

03 ❶[공유]를 선택하여 다양한 방식으로 공유합니다.

 활용 꿀팁

✓ 카드 제목과 컬럼 이름을 통일하면 자료를 쉽게 찾을 수 있어요.
✓ 자료를 유형에 맞게 첨부하고 PDF, 이미지, 영상, 링크 등을 효율적으로 관리할 수 있어요.
✓ 댓글 기능을 활용해 동료 교사와 의견을 실시간으로 공유할 수 있어요.

한 걸음 더 나아가기

01. 교사 아이디어 브레인스토밍

새학기나 특별 행사 계획을 세울 때 교사들은 패들렛을 활용해 아이디어 브레인스토밍을 진행할 수 있습니다. 주제별 컬럼을 만들고 교사 각자가 떠오르는 아이디어를 카드로 작성하며 필요한 자료나 참고 링크를 첨부합니다. 다른 교사들은 댓글을 통해 의견을 추가하거나 개선점을 제안합니다. 실시간으로 피드백을 주고받으면서 아이디어가 구체화되고 정리된 자료를 바로 반영할 수 있습니다.

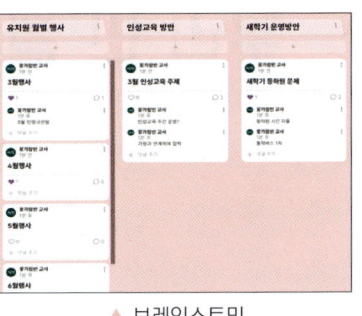

▲ 브레인스토밍

02. 현장체험학습 장소 공유 및 탐색

현장체험학습 장소를 물색하거나 기존 장소에 대한 정보를 공유할 때 패들렛의 지도를 활용할 수 있습니다. 현장체험학습 장소를 검색하여 위치를 표시하고 해당 장소에 대한 상세 정보(연락처, 운영 시간, 방문 팁, 유아 활동 가능 여부, 관련 사진 등)를 카드로 작성하여 게시합니다. 동료 교사들은 각 장소에 댓글을 달아 방문 경험을 공유하거나 필요한 추가 정보를 문의하며 실시간으로 피드백을 주고받습니다. 이렇게 하면 우리 유치원에 적합한 현장체험학습 장소를 효율적으로 탐색하고 교사 간 풍부한 경험과 정보를 바탕으로 더욱 알찬 현장체험학습 계획을 세울 수 있습니다.

▲ 장소 정보 공유

03. 회의 자료 기록 및 공유

교사들은 정기적인 회의(전문적학습공동체, 협의회 등)의 자료를 기록하고 공유할 때 패들렛의 타임라인을 활용할 수 있습니다. 회의 안건이나 토의 내용을 시간 순서에 따라 카드로 작성하고 중요한 결정 사항이나 담당자, 완료 예정일 등을 함께 기록합니다. 회의가 끝난 후에도 참석하지 못한 교사들이 타임라인을 확인하고 의견을 남길 수 있어 자료와 회의록 관리가 한곳에서 체계적으로 이루어집니다. 덕분에 자료가 흩어지지 않고 후속 조치나 평가에도 바로 활용할 수 있습니다.

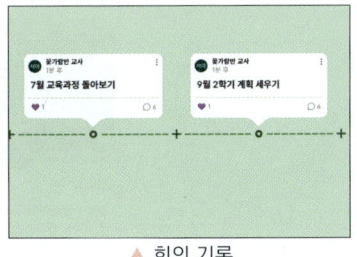

▲ 회의 기록

02-2 우리 반 놀이 기록하기

패들렛은 유치원에서 유아들의 놀이 과정을 쉽고 생생하게 기록할 수 있는 디지털 도구입니다. 교사는 놀이 중 유아들이 보여주는 말과 행동을 사진, 영상, 글, 음성 등 다양한 형태로 패들렛에 기록하여 한눈에 볼 수 있는 놀이 기록판을 만들 수 있습니다. 이를 통해 유아들의 놀이가 어떻게 확장되고 변화하는지를 시간의 흐름에 따라 시각적으로 정리할 수 있으며, 개별 유아의 흥미나 놀이 주제의 발전 과정을 구체적으로 담아낼 수 있습니다.

놀이 기록에 활용할 수 있는 기능은 다음과 같습니다.

- **목소리 녹음 기능:** 유아들이나 교사가 직접 음성으로 작품 설명이나 생각을 기록
- **영상 업로드 기능:** 놀이하는 모습을 동영상으로 올려 생생한 활동 과정 공유
- **슬라이드쇼 기능:** 여러 이미지를 슬라이드쇼처럼 연속으로 보여줘 놀이 작품을 한눈에 감상

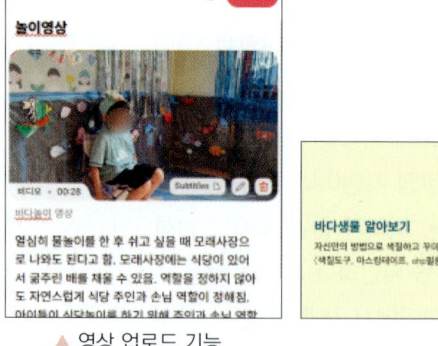

▲ 목소리 녹음 기능   ▲ 영상 업로드 기능   ▲ 슬라이드쇼 기능

패들렛으로 기록하는 놀이

패들렛은 유아들의 놀이 과정을 생생하게 기록하고 공유할 있는 효과적인 도구입니다. 교사는 유아들이 바닷속 세상을 탐험하며 경험한 이야기와 생각, 만들어낸 작품들을 사진, 영상, 글 등 다양한 형태로 패들렛에 올려 기록합니다. 이를 통해 유아들의 상상력과 탐구 과정을 살펴볼 수 있으며, 놀이의 흐름과 성장을 시간의 순서에 따라 시각적으로 정리할 수 있습니다.

패들렛 접속 및 로그인

01 웹 브라우저를 열고 https://padlet.com에 접속합니다.

02 오른쪽 상단의 ❶[로그인] 버튼을 클릭하여 Ⓐ구글, 마이크로소프트 계정, 애플 계정으로 로그인합니다.

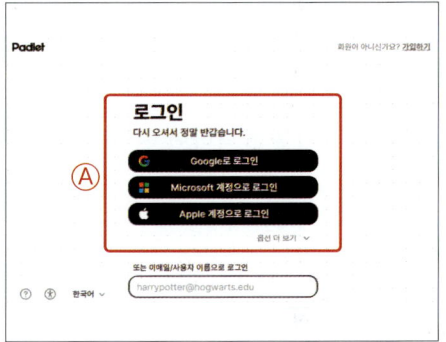

디자인 만들기 및 편집하기

01 상단의 ❶[만들기]를 클릭한 후 ❷[새 게시판]을 눌러 새로운 디자인을 만들 수 있습니다.

02 새 게시판의 ❶[제목](예 7월 바다놀이터)을 작성하고 ❷[컬럼]을 클릭합니다.

03 피드에 나타난 ❶[섹션 추가]를 눌러 ❷[제목](예 해저기차)을 입력한 후 하단의 ❸[+]를 눌러 게시글을 작성합니다.

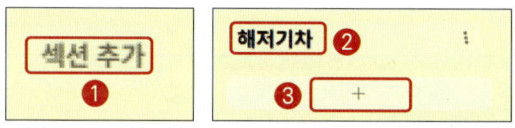

04 ❶[📄]를 클릭하여 원하는 이미지나 동영상을 ❷[업로드]하여 ❸[게시]합니다.

05 ❶[첨부파일 유형 더보기]에서 ❷[오디오 레코더]를 누른 후 ❸[녹음]합니다. 녹음을 마친 후 ❹[재생 및 저장]합니다. ❺[게시] 버튼을 누르면 Ⓐ와 같이 파일이 업로드 됩니다.

74 요즘 유치원 교사를 위한 에듀테크 활용법

첨부파일 유형 더보기 Ctrl
+13
1

Padlet
업로드
링크
카메라
비디오 레코더
2
오디오 레코더
화면 레코더
그리기
설문조사
Google Drive
AI 이미지
신규
AI 음성
신규
이미지 검색
GIF
YouTube
Spotify
웹 검색
위치

오디오 레코더
4
재생 및 저장
00:28
일시 중지됨
3
기본값 - 마이크 (0d8c:013a)
버리고 다시 시작

게시
oo이가 설명하는 해저기차
5
오디오 • 00:28
캡션 추가

Ⓐ
oo이가 설명하는 해저기차
편집
오디오 • 00:29

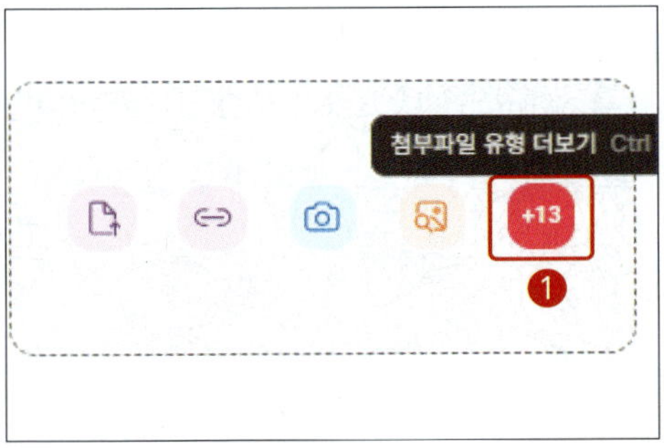

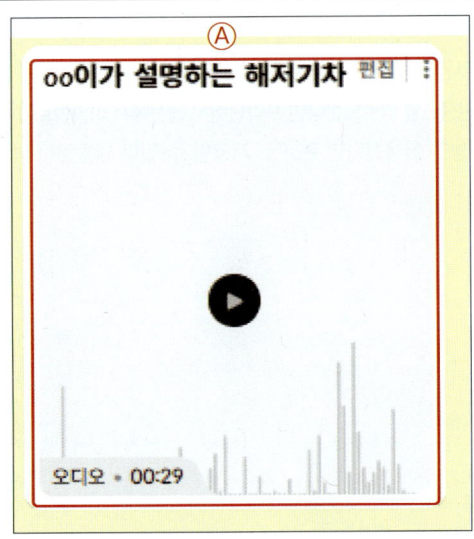

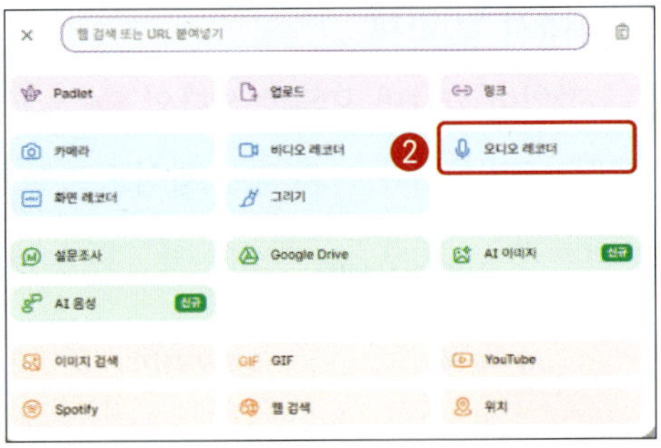

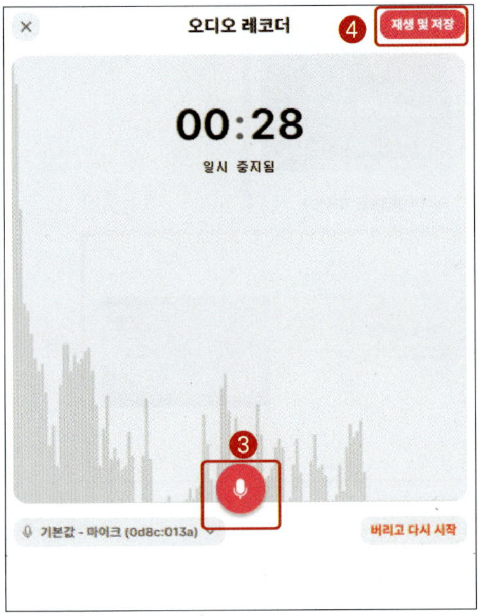

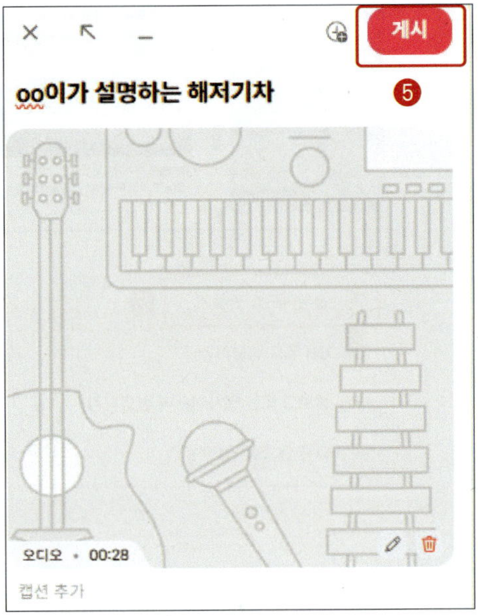

내보내기 및 인쇄

01 작업이 끝나면 오른쪽 상단의 ❶[✐] 버튼을 클릭하고 내보내기 탭에서 ❷[슬라이드쇼 만들기]를 클릭합니다. Ⓐ와 같은 형식으로 놀이자료를 시·청각적으로 살펴볼 수 있습니다.

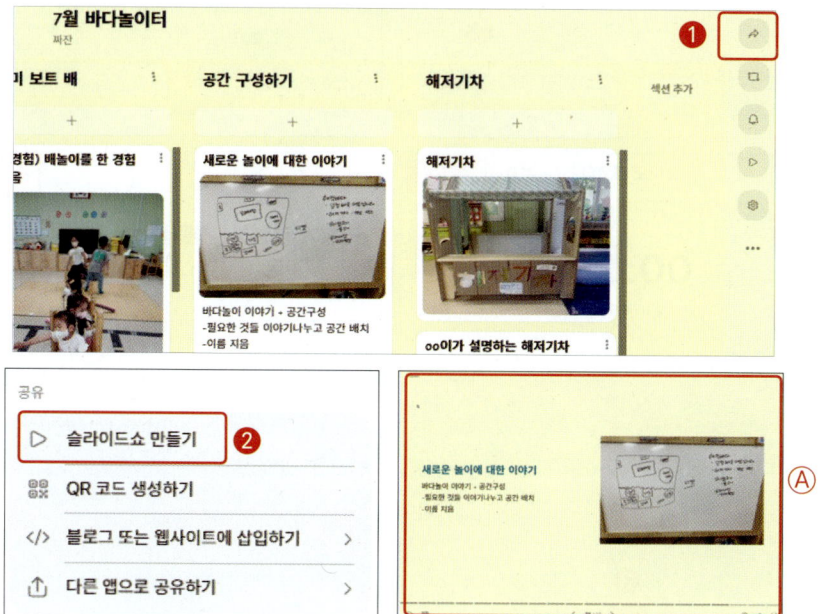

 활용 꿀팁
- ✓ '슬라이드쇼로 링크 복사' 및 'QR코드 생성'을 통해 동료교사 혹은 학부모와 놀이 기록을 공유할 수 있어요.
- ✓ 유아들의 사진이나 개인정보를 업로드한다면 프라이버시 옵션에서 비밀번호를 설정할 수 있어요.
- ✓ 'PDF로 내보내기' 기능을 활용한다면 PDF로 저장할 수 있어 패들렛이 삭제되더라도 영구적으로 자료를 남길 수 있어요.

한 걸음 더 나아가기

01. 월별 놀이 기록

패들렛을 활용한 우리 반의 월별 놀이 기록은 '타임라인' 또는 '그리드' 형식 기능을 통해 월별로 놀이 사진, 영상, 유아들의 말이나 교사의 기록을 한눈에 정리할 수 있습니다. 각 달마다 주요 활동을 구분하여 시각적으로 정리할 수 있어 놀이의 흐름과 유아들의 발달 과정을 쉽게 파악할 수 있으며, 사진, 영상, 텍스트, 링크 등 다양한 형태의 자료를 함께 업로드할 수 있다는 점에서 풍부한 기록이 가능합니다.

▲ 월별 놀이기록지

02. 개별 유아 기록

패들렛을 통해 유아마다 개별 섹션을 만들어 유아의 개별 관찰 기록과 발달과정을 체계적으로 정리하고 보관할 수 있습니다. '그리드' 형식과 '섹션'을 나누어 사용하여 유아의 그림, 사진, 활동 기록 등을 정리함으로써 유아의 성장과 발달 과정을 시간의 흐름에 따라 확인할 수 있습니다. 이는 추후 부모 상담 자료로 활용 가능합니다.

▲ 개별 유아 기록지

03. 디지털 작품전시회

패들렛 '아트쇼케이스'를 활용한 디지털 작품전시회는 유아들이 놀이 속에서 창작한 다양한 작품을 사진, 영상, 짧은 글 등의 형태로 기록하고 공유하는 온라인 전시 공간입니다. 각 유아의 작품들을 교사와 함께 패들렛에 업로드하면서 유아들은 자신의 경험을 되돌아보고 타인의 작품을 감상하며 소통하는 기회를 갖습니다. 부모와 다른 유아들도 손쉽게 접근 가능하여 유아의 성장 과정을 함께 나누는 참여형 전시회로 확장될 수 있습니다.

▲ 디지털 작품전시회

02-3 놀이 자료로 확장해 활용하기

패들렛은 유치원 활동과 연계하여 놀이 중심 교육을 확장하는 데 효과적인 디지털 도구로 활용될 수 있습니다. 예를 들어, 계절별 자연 관찰, 텃밭 가꾸기, 친구 소개, 그림일기, 동화 재구성, 나만의 소리 만들기 등 유치원 일과 속 다양한 활동에서 유아들은 사진, 그림, 음성, 영상 등 여러 형태로 자신의 생각과 경험을 자유롭게 표현하고 기록할 수 있습니다. 교사는 유아들의 게시물을 실시간으로 확인하며 개별 피드백을 제공하고, 유아들 간에는 서로의 작품을 감상하고 이야기 나누며 또래 간 의사소통 능력과 협력 태도를 자연스럽게 기를 수 있습니다.

다음과 같은 기능을 활용하여 놀이해 볼 수 있습니다.

- **유튜브 영상 업로드 기능:** 유아들이 만든 놀이 영상 혹은 유튜브 영상을 링크로 첨부하여 함께 감상
- **그리기 기능:** 패들렛에서 직접 그림을 그리거나 낙서하여 창의적인 표현 촉진
- **이모티콘 삽입 기능:** 작품에 좋아요, 반응 이모티콘 등을 활용하여 친구들과 감정 공유

▲ 유튜브 영상 업로드 기능

▲ 그리기 기능

▲ 이모티콘 삽입 기능

패들렛으로 자기소개하기

패들렛을 활용한 자기소개 활동은 유아들이 자신의 관심사와 취향을 자유롭게 표현하고 친구들과 공유하도록 합니다. 유아들은 자신이 좋아하는 음식, 색깔, 동물, 놀이 등을 사진, 그림, 글, 음성 등 다양한 형식으로 패들렛에 게시하고 친구들의 게시물을 함께 감상하며 공통점과 차이점을 발견할 수 있습니다. 이러한 과정을 통해 또래에 대한 이해와 공감 능력을 기를 수 있고 모아진 자료를 한 권의 책으로 엮어 반의 소중한 기록으로 남길 수 있습니다.

패들렛 접속 및 로그인

01 웹 브라우저를 열고 https://padlet.com에 접속합니다.

02 오른쪽 상단의 ❶[로그인] 버튼을 클릭하여 Ⓐ구글, 마이크로소프트 계정, 애플 계정으로 로그인합니다.

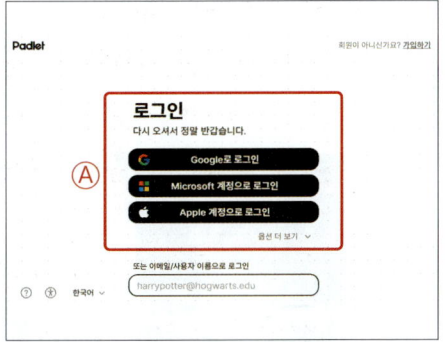

디자인 만들기 및 편집하기

01 상단의 ❶[만들기]를 클릭한 후 ❷[새 게시판]을 눌러 새로운 디자인을 만들 수 있습니다.

02 새 게시판의 ❶[제목]을 작성하고 ❷[컬럼]을 클릭합니다.

03 피드에 나타난 ❶[섹션 추가]를 눌러 ❷[제목](예 좋아하는 놀이)을 입력한 후 하단의 ❸[+]를 눌러 게시글을 작성합니다. ❹[더보기]에서 ❺[YouTube]을 눌러 ❻[검색]한 후 원하는 Ⓐ영상을 게시합니다.

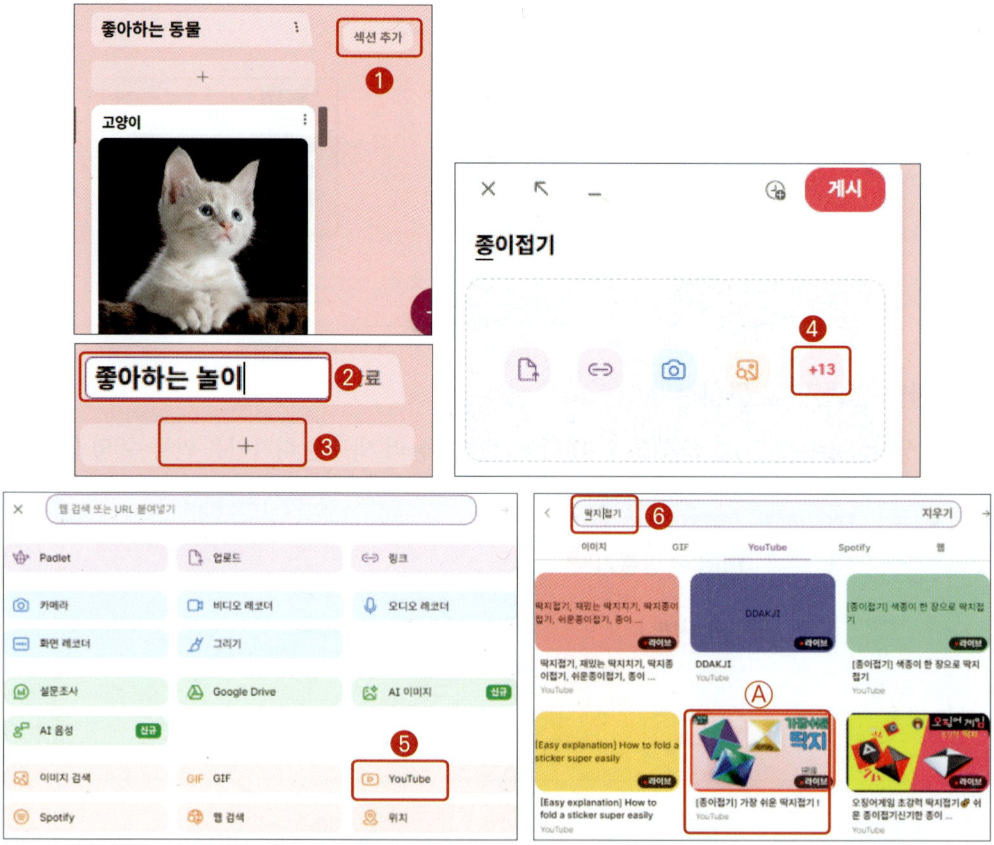

04 ❶[그리기]를 클릭한 후 하단의 원하는 ❷[색상]을 눌러 ❸[그림]을 그린 후 ❹[저장]하여 ❺[게시]합니다.

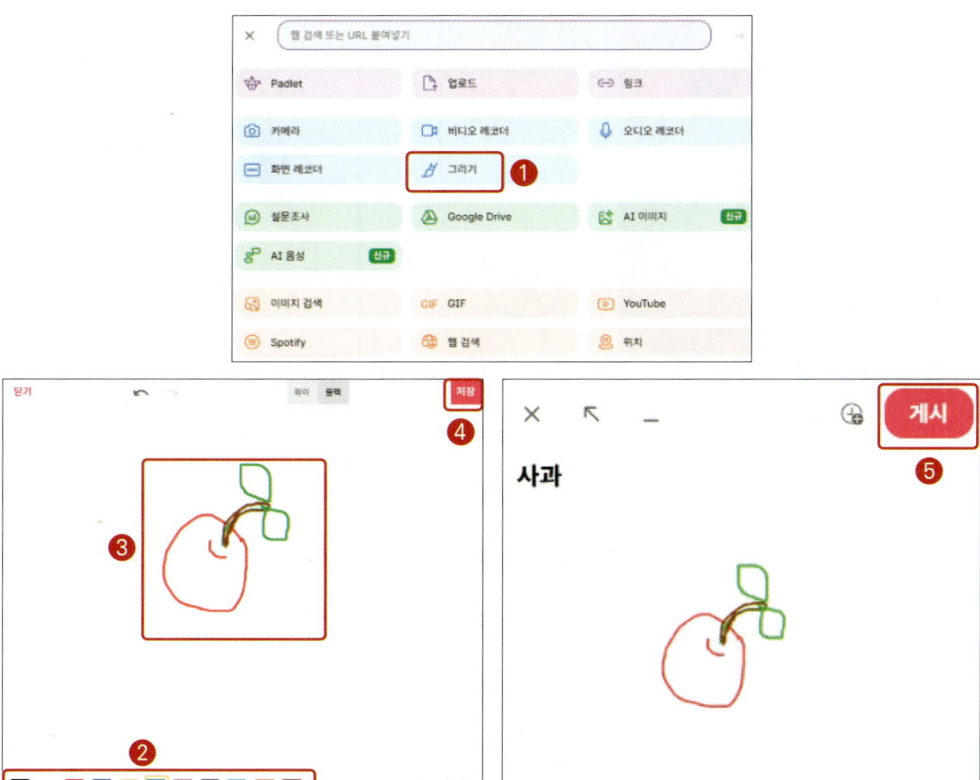

05 댓글에 반응을 올리는 경우, ❶[댓글 추가]를 누르고 ❷[GIF]를 클릭하여 제시어(예 행복한 얼굴)를 ❸[검색]합니다. 검색하여 나온 ❹[이미지]를 선택하여 Ⓐ와 같이 게시합니다.

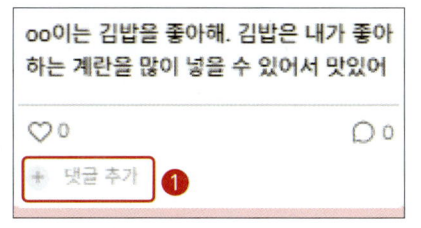 

 활용 꿀팁
- ✓ '댓글' 기능을 통해 유아들의 활동에 대한 반응을 다양하게 표현할 수 있어요.
- ✓ '반응' 기능을 활용하여 유아들이 '좋아요'를 클릭하면 상호작용이 활발하게 일어날 수 있어요.
- ✓ 전자칠판과 함께 활용하여 '그리기' 기능을 통해 유아들이 직접 그림을 그릴 수 있어요.

한 걸음 더 나아가기

01. 초성퀴즈

패들렛 '샌드박스' 템플릿을 활용하여 유아들이 직접 문제를 내고 맞추는 초성퀴즈 놀이를 할 수 있습니다. 유아들이 번갈아 가며 초성을 쓰고 다른 친구들이 맞히도록 하면서 놀이를 진행합니다. 유아들은 화면에 실시간으로 나타나는 글자를 보며 자유롭게 의견을 나누고 답을 입력할 수 있고, 정답을 맞히며 성취감을 느낍니다. 이를 통해 글자와 소리에 대한 흥미를 높이고, 협동하며 문제를 해결하는 경험을 쌓을 수 있습니다.

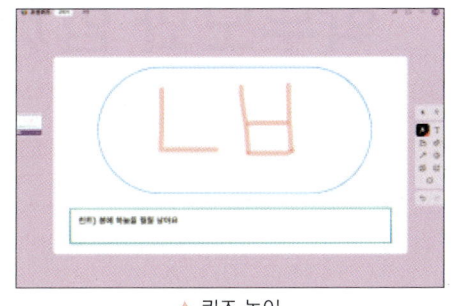
▲ 퀴즈 놀이

02. 우리 반 식물도감

패들렛의 '타임라인' 템플릿을 활용하여 시간 흐름을 나타내어 유아들이 식물의 성장 과정을 사진과 글을 통해 기록할 수 있습니다. 이를 통해 유아들은 방울토마토와 상추의 성장 변화를 시각적으로 확인하고, 그 과정을 단계별로 이해할 수 있습니다. 유아들이 함께 만든 일지를 언제든 볼 수 있어 협력과 공유의 기회를 제공하며, 교사는 실시간으로 피드백을 주고 학습을 지원할 수 있습니다.

▲ 식물의 성장과정 기록하기

03. 우리 반 한글 사전

패들렛을 활용한 '우리 반 한글 사전' 만들기 활동은 유아들이 일상에서 접하는 낱말을 스스로 수집하고, 사진, 그림, 음성, 영상 등 다양한 형태로 표현하며 자연스럽게 한글과 친해질 수 있는 효과적인 방법입니다. 교사는 패들렛의 분류 기능을 활용해 낱말을 초성별 혹은 주제별로 정리하고, 댓글이나 반응 기능을 통해 친구들끼리 서로의 게시물에 관심을 표현하며 상호작용할 수 있도록 유도할 수 있습니다.

▲ 한글찾기 게임

02-4 학부모와 함께 소통하고 공유하기

유치원 교육에서 교사와 부모의 긴밀한 소통은 무엇보다 중요합니다. 학부모는 자녀의 일상과 배움이 어떻게 이루어지는 궁금해 하며, 교사는 이를 효과적으로 공유할 방법이 필요합니다. 패들렛은 이러한 요구를 충족시켜주는 온라인 소통 게시판으로, 교사가 손쉽게 만들고 학부모가 간단히 접속하여 볼 수 있는 디지털 공간을 제공합니다. 별도의 앱 설치 없이 링크만으로 접속 가능해 학부모의 접근성이 높으며, 시각적으로 정돈된 화면 덕분에 교육 내용을 효과적으로 전달할 수 있습니다. 교사들이 패들렛을 활용하여 학부모와 소통하는 다양한 방법을 알아보고, 누구나 쉽게 따라 할 수 있는 단계별 따라하기를 통해 실제 현장에서 바로 적용할 수 있는 역량을 기를 수 있을 것입니다.

학부모와의 소통에 특히 유용한 패들렛의 주요 기능으로는 슬라이드, 댓글, QR코드가 있습니다. 이 기능들을 잘 활용하면 유치원 교육 활동을 가정에 더욱 효과적으로 전달하고, 참여와 공감이 있는 소통이 가능합니다.

- **슬라이드 기능:** 패들렛에 올린 게시물을 슬라이드쇼처럼 넘겨 볼 수 있는 기능입니다. 별도의 PPT 제작 없이 패들렛에 정리한 자료만으로도 학부모 설명회 등의 행사에 활용할 수 있습니다.
- **좋아요, 댓글 기능:** 학부모는 교사가 올린 글이나 사진에 '좋아요(하트)'를 누르거나 댓글을 남길 수 있습니다. 유아들의 활동을 안내하는 것과 더불어, 가정과 유치원이 함께 참여하고 반응하는 쌍방향 소통이 가능합니다.

- **QR코드 생성:** 패들렛은 보드마다 자동으로 QR코드를 생성합니다. QR코드를 스마트폰으로 스캔하면 보드에 바로 접속할 수 있어 쉽고 빠른 접근이 가능합니다.

▲ 슬라이드 기능　　　　　▲ 좋아요, 댓글 기능　　　　　▲ QR코드 생성

패들렛에서 가정과 함께 캠페인 진행하기

교사, 유아, 학부모가 함께 참여하고 소통할 수 있는 패들렛의 큰 장점을 활용하여 유치원과 가정이 함께하는 캠페인을 실천할 수 있습니다. 유치원에서 실천한 친환경 활동(다회용품 사용하기, 분리배출, 줍깅 등)과 가정에서 실천한 사례를 사진과 글로 패들렛에 올리고, 서로 '좋아요'와 응원의 댓글을 남기는 것은 캠페인이 적극적으로 이루어지게 돕습니다. 학부모는 가정의 노력이 유치원 교육과 연계됨을 느끼고, 유아들은 활동 공유를 통해 캠페인의 의미를 깊게 이해하며 일상 속 지속적인 실천으로 이어지도록 합니다.

다음은 가정과 함께하는 지구 지킴이 캠페인을 예로 들어 패들렛 게시판을 생성하고, 가정과 소통하는 방법을 알아보도록 하겠습니다.

패들렛 접속 및 로그인

01 웹 브라우저를 열고 https://padlet.com에 접속합니다.

02 오른쪽 상단의 ❶[로그인] 버튼을 클릭하여 Ⓐ구글, 마이크로소프트 계정, 애플 계정으로 로그인합니다.

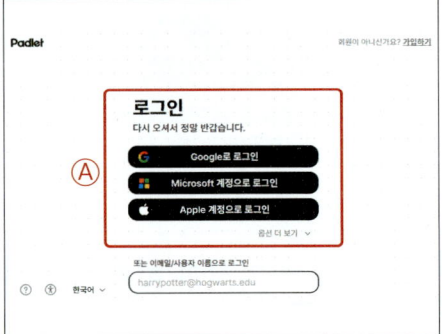

게시판 생성하기

01 ❶[만들기]를 클릭 후 ❷[새 게시판]을 선택합니다.

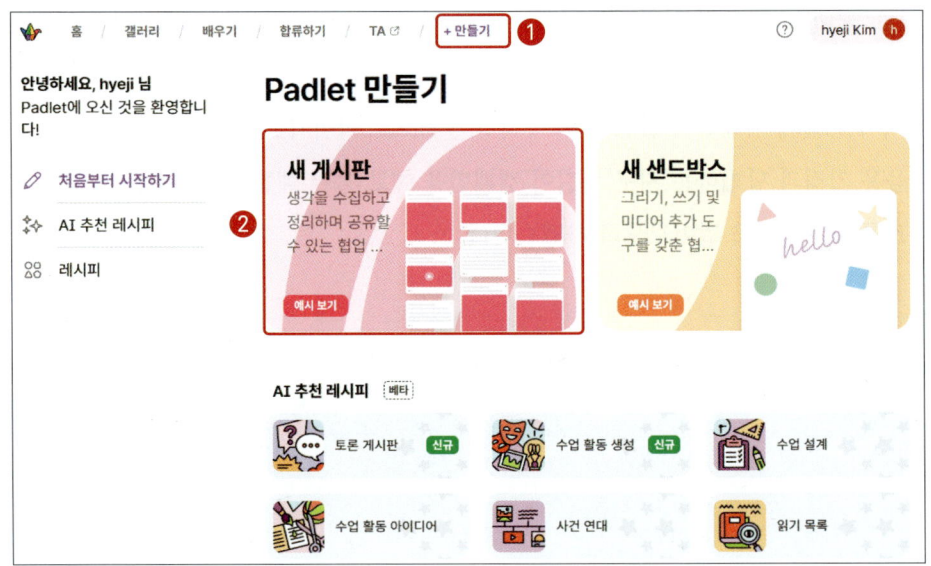

02 원하는 ❶[제목]을 입력합니다. ❷[컬럼] 형식을 선택 후 ❸[완료]를 클릭합니다. 패들렛 게시판의 형식은 담벼락, 타임라인, 지도 등이 있으며 교육 활동의 방법과 공유하고자 하는 자료의 형태에 따라 적합한 형식을 선택할 수 있습니다.

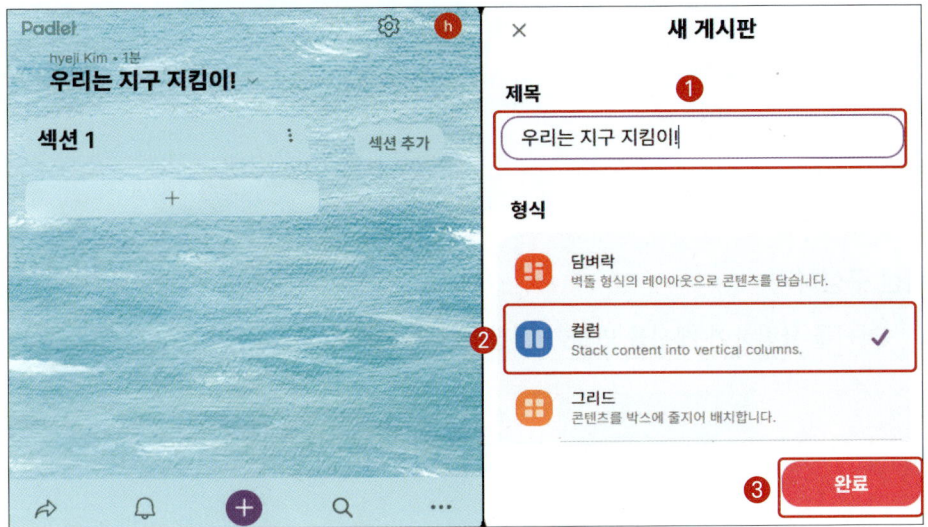

섹션 나누기

01 ❶[:]에서 ❷[섹션 이름 변경]을 클릭합니다. Ⓐ이름 입력 창이 나타나면 변경할 이름을 작성 후 ❸[업데이트]를 클릭합니다. Ⓑ 섹션의 이름이 변경된 것을 확인할 수 있습니다.

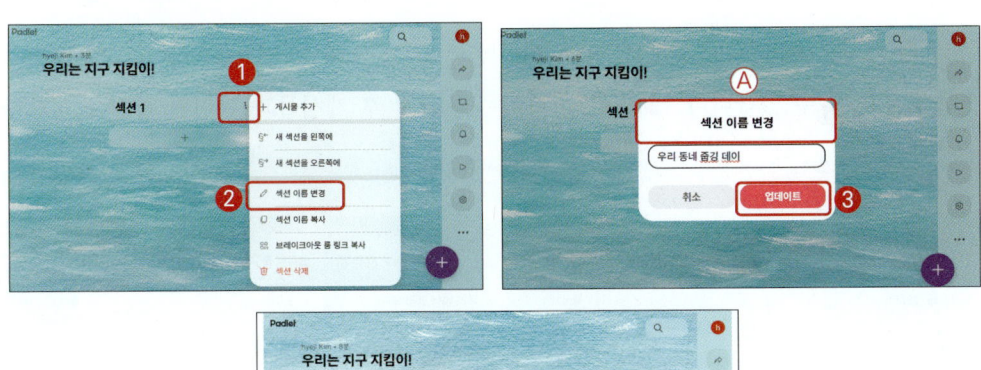

2장 _ 패들렛 활용법 기록을 넘어 협력으로　87

02 섹션을 더 만들 경우에는 ❶[섹션 추가]를 클릭 후 같은 방법으로 이름을 변경합니다.

섹션 구성하기

01 ❶[+]를 클릭하여 게시물 만들기를 활성화합니다.

02 ❶[제목]과 ❷[내용]을 작성합니다. ❸[작성한 글]을 드래그하여 글의 굵기, 기울기, 강조 등을 편집할 수 있습니다. ❹[업로드] 아이콘을 클릭 후 게시물과 관련된 사진을 선택하여 삽입합니다.

03 ❶[게시]를 클릭하면 Ⓐ사진을 포함한 게시물이 생성됩니다.

공동작업자 설정하기

01 오른쪽 작업 툴에서 ❶[공유] 아이콘을 클릭합니다.

02 권한 탭에서 링크가 있는 방문자 권한을 ❶[작성자]로 선택합니다. 학부모와 유아가 가정에서 연계 활동을 실천 후 사진 및 글을 게시할 수 있습니다.

2장 _ 패들렛 활용법 기록을 넘어 협력으로   89

03 프라이버시 옵션은 ❶[비밀번호 필수]를 클릭하여 ❷[비밀번호]를 작성합니다.

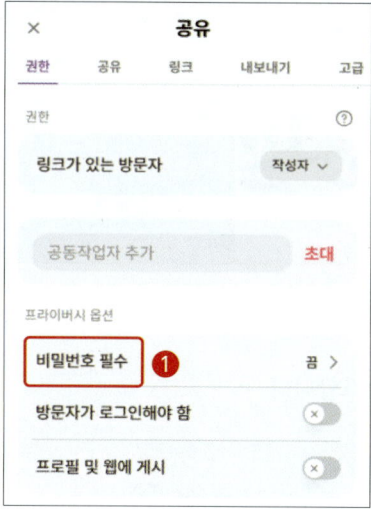
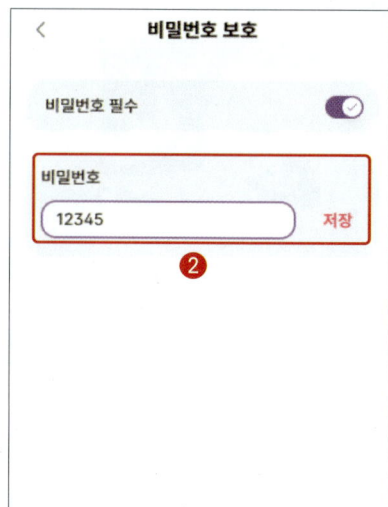

댓글과 좋아요 활성화

01 오른쪽 작업 툴에서 ❶[설정] 아이콘을 클릭합니다.

02 ❶[참여도] 탭을 선택합니다. ❷[댓글]을 클릭 후 나타나는 댓글 설정 창에서 ❸[새 댓글 허용]을 활성화 합니다.

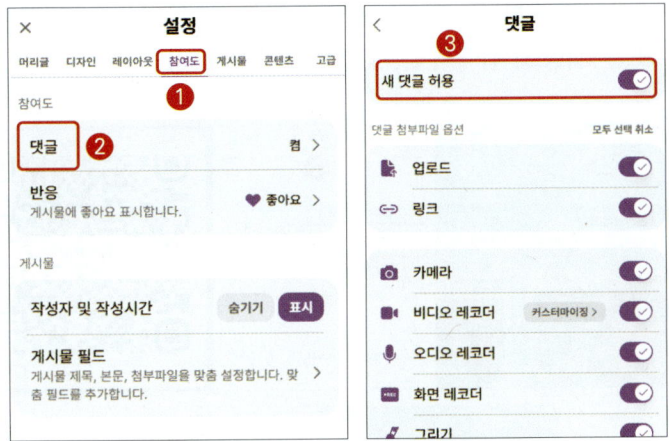

03 ❶[반응]을 클릭하여 나타나는 반응 설정 창에서 ❷[좋아요]를 선택합니다.

QR코드 생성 및 링크 공유하기

01 패들렛의 작업물은 QR코드와 링크를 통해 공유할 수 있습니다. ❶[공유] 탭에서 ❷[QR코드 생성하기]를 클릭합니다. 생성된 QR코드는 ❸[이미지 다운로드]하여 안내장에 첨부할 수 있습니다. 또는 ❹[링크] 탭에서 ❺[게시판으로 링크 복사]를 클릭하여 공유 가능합니다.

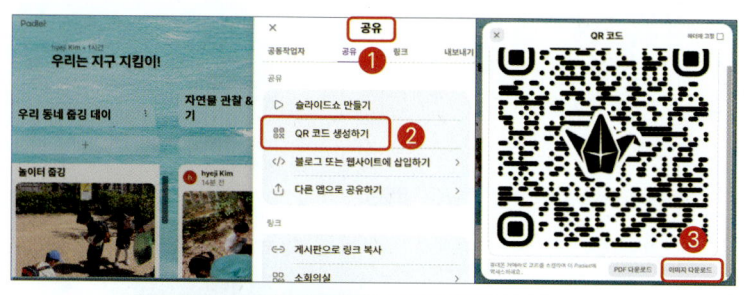

 활용 꿀팁

- ✓ 유아의 사진과 개인 정보가 포함되어 있기에 반드시 비밀번호를 설정하여 게시물을 안전하게 관리하세요.
- ✓ 학부모와 유아가 함께 활용하는 온라인 공간이므로 밝은 배경과 아이콘을 선택하면 부담 없이 참여할 수 있는 분위기를 형성할 수 있어요.
- ✓ 서로의 게시글에 댓글이나 좋아요를 남기도록 유도하여 대화와 격려가 오가는 공간으로 만들 수 있어요.

한 걸음 더 나아가기

01. 놀이에 필요한 물품 지원받기

유치원에서 놀이와 활동을 위해 필요한 물품을 패들렛에 올려두면 가정에서는 게시된 내용을 확인하고 필요한 물품을 지원합니다. 학부모는 댓글로 지원 의사를 표현하며 유치원은 필요 자원을 효율적으로 모을 수 있습니다. 이를 통해 유치원과 가정의 소통이 원활해지고, 서로 협력하여 교육 활동을 풍성하게 만들 수 있습니다.

▲ 가정에서 지원받은 물품

02. 독서 마라톤

도서 바코드와 대여시스템 없이도 가정연계 도서 대출이 가능합니다. 패들렛을 통해 도서 대여 현황판을 공유하면 가정에서 원하는 책을 대여하고, 독서 후에는 소감을 사진이나 글로 기록하여 독서 마라톤을 이어갑니다. 유아와 학부모가 함께 책 읽기의 즐거움을 느끼고, 또래와 함께 독서 경험을 나누며 건강한 독서 문화를 조성할 수 있습니다.

▲ 독후 소감 나누기

03. 학급 미션 활동

유치원에서 지구의 날 계기교육 후 소등하기, 화분 가꾸기, 물 절약하기 등 생활 속 친환경 미션을 제시하면 가정에서 유아와 함께 실천한 결과를 패들렛 게시판에 올려 공유합니다. 유아들은 배움을 일상 속에서 반복 실천하며 긍정적인 습관을 형성할 수 있고, 가정은 유치원과 협력하여 지속 가능한 생활 습관을 만들어 갑니다.

▲ 화분 가꾸기 미션

| 미니특강 | **패들렛 AI 추천 레시피:
AI와 함께 쉽고 빠르게 만드는 '나만의 맞춤 게시판'** |

AI 추천 레시피에는 많은 기능이 있지만 교사가 쉽게 활용할 수 있는 방법으로는 '맞춤 게시판'이 있습니다. '맞춤 게시판'은 사용자가 원하는 학습 목표나 활동 주제를 AI에게 알려주면 AI가 그 정보를 바탕으로 가장 적합한 형태의 패들렛 게시판을 즉시 생성해주는 기능입니다.

AI에게 "유아들이 봄꽃의 종류를 알아보고, 관찰 일지를 작성할 수 있는 게시판을 만들어 줘." 또는 "학부모님들이 주간 유치원 소식을 확인하고 질문을 남길 수 있는 소통 게시판을 만들어 줘." 와 같이 구체적인 요청을 입력합니다. 이때 연령, 주제와 같은 정보를 추가하면 AI가 더 정교하게 게시판을 만들어줍니다. 예를 들어, '유치원', '식물 관찰', '협력 학습'처럼 키워드를 넣으면 좋습니다.

AI는 입력된 정보를 분석해서 게시판의 레이아웃(형식), 섹션 구성, 필요한 게시물 유형(텍스트, 이미지, 파일 첨부 등)으로 '맞춤 게시판'을 만들어줍니다. 이 기능을 활용하면 게시판을 처음부터 어떻게 구성할지 고민하는 시간을 대폭 줄일 수 있어 편리합니다.

01 먼저 AI 추천 레시피는 교사 계정에서만 사용할 수 있습니다. 교사 계정으로 설정되어 있는지 확인합니다.

02 ❶[계정]을 클릭한 후 ❷[설정]을 클릭합니다.

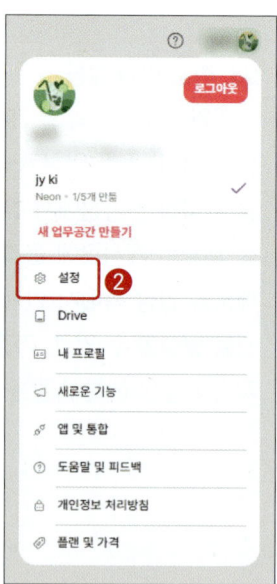

94 요즘 유치원 교사를 위한 에듀테크 활용법

03 ❶[계정 유형]에서 ❷[교사]를 클릭합니다.

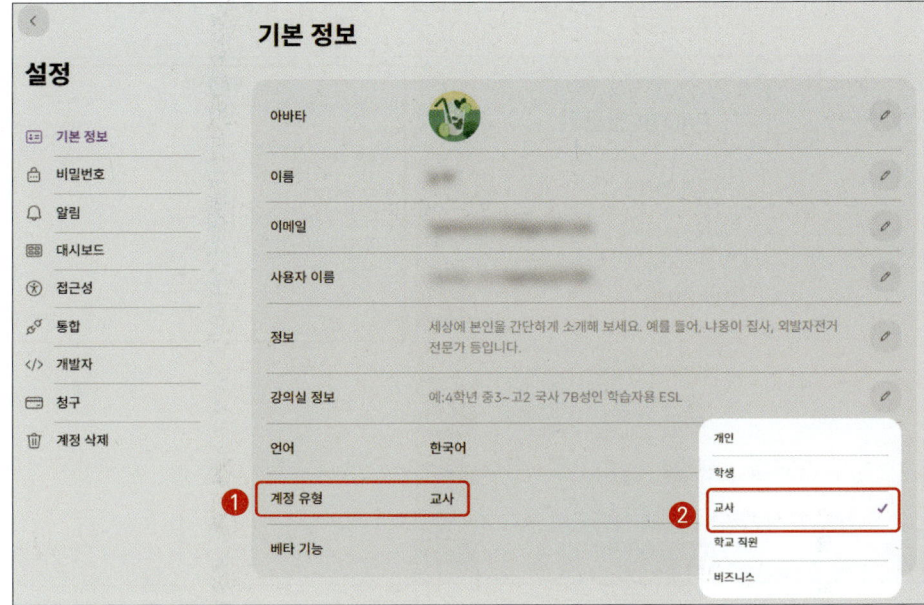

04 만들기에서 AI 추천레시피 중 ❶[맞춤 게시판]을 클릭합니다.

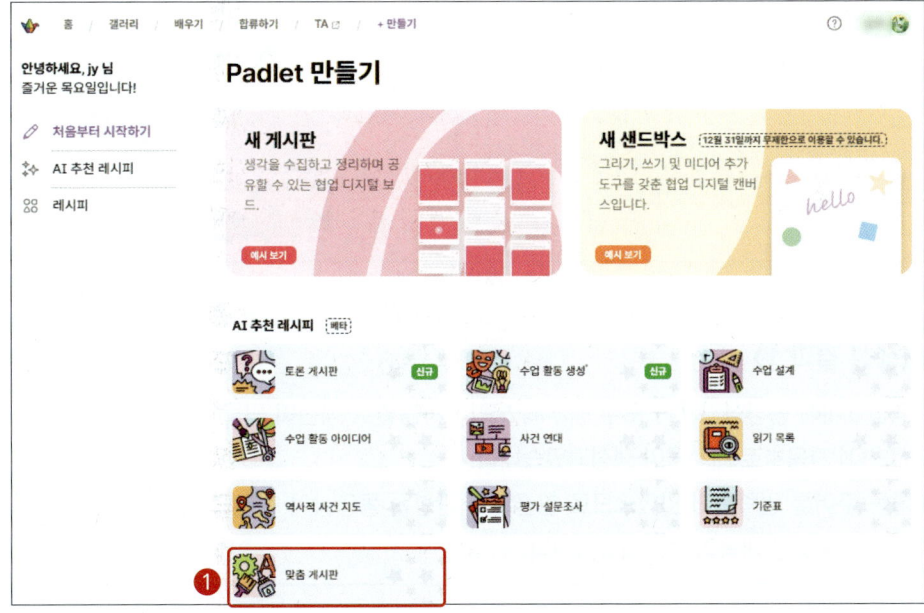

2장 _ 패들렛 활용법 기록을 넘어 협력으로   **95**

05 프롬프트 창이 오른쪽에 생성되면 주어와 만들고 싶은 내용을 작성합니다. 프롬프트를 입력할 때 구체적으로 입력할수록 원하는 패들렛의 형식을 생성할 수 있습니다.

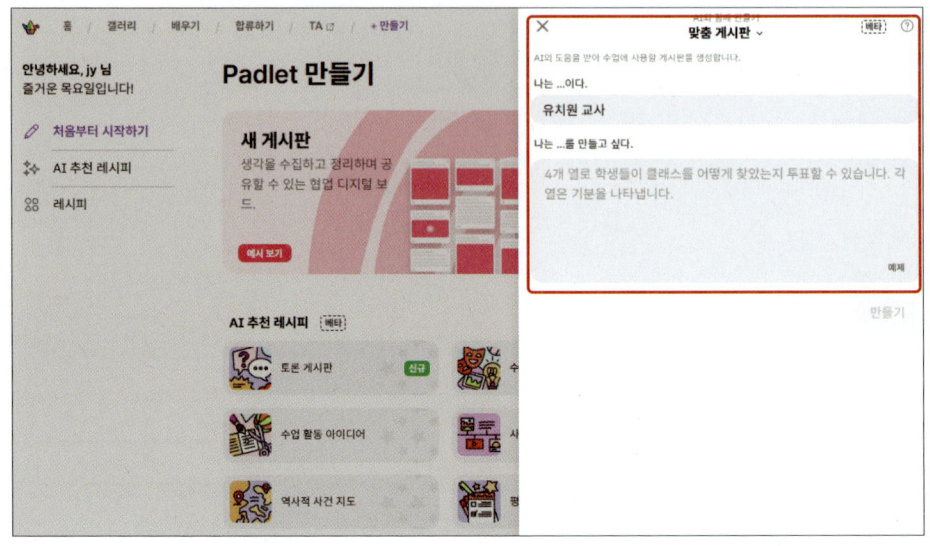

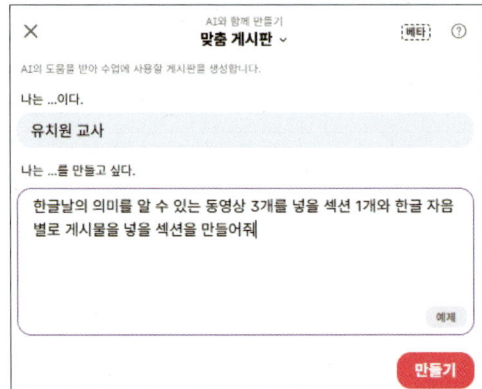
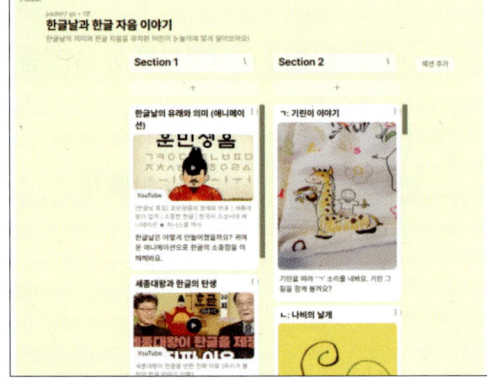

▲ 맞춤 게시판 생성 예시 1

〈생성 결과 1〉

❶ 섹션 1개에 동영상 3개가 모두 첨부되었으나 자음별로 섹션이 만들어지지 않고 하나의 섹션 안에 자음별로 게시물이 생성되었습니다.

❷ 활동 주어를 입력하지 않았으므로 한글날과 관련된 동영상이 첨부되었으나 유아의 수준에 적절하지 못한 내용이 선정되었습니다.

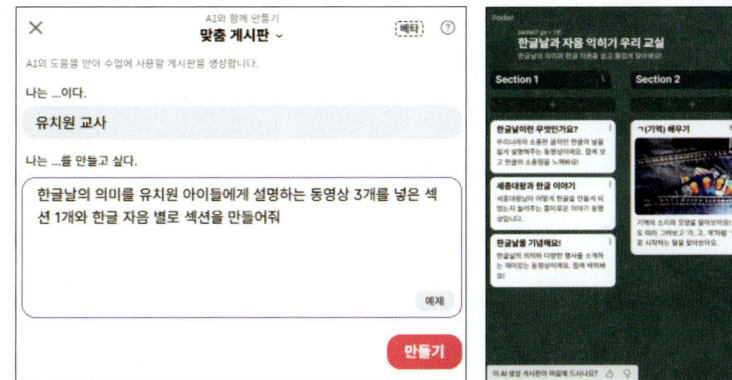
▲ 맞춤 게시판 생성 예시 2

〈생성 결과 2〉
❶ 3개의 게시물로 이루어진 섹션 한 개와 각각의 자음별로 섹션이 만들어졌습니다.
❷ 활용대상의 연령을 입력하니 영상 없이 설명으로 된 게시물이 생성되었습니다.
  설명에 적절한 영상을 직접 추가하거나 수정하여 활용하는 것이 필요합니다.

[프롬프트 입력시 필요한 요소]
• 구체적인 동사와 명사를 사용하기
 예시: (O) "유치원 아이들이 가을 열매를 관찰하고, 그림을 그릴 수 있는 게시판"
       (X) "가을에 대한 게시판"
• 게시판을 활용하게 될 대상의 연령 입력하기
 예시 : 유치원 5세 친구들이 우리 가족을 소개하는 게시판
• 템플릿 유형(담벼락, 타임라인 등), 섹션, 게시물을 구체적으로 제시하기
• 게시판의 목적이나 활동 방식을 설명하여 필요한 내용을 입력하기

2장 _ 패들렛 활용법 기록을 넘어 협력으로

네이버 활용법

수업을 더 스마트하게

네이버(Naver)란?

"검색, 지도, 사진·영상, 인공지능 등 다양한 기능을
한 곳에서 활용할 수 있는 디지털 플랫폼"

교사는 수업 준비와 자료 제작, 관찰 기록 등 다양한 활동에서 효율적인 도구를 필요로 합니다. 네이버는 스마트렌즈, 거리뷰, 클로바 노트, QR코드 등 여러 기능을 활용해 수업과 학급 운영을 더욱 스마트하게 지원합니다. 스마트렌즈로 동식물을 손쉽게 알아보고, 거리뷰를 통해 우리 동네나 세상을 여행하며 새로운 경험을 제공할 수 있습니다.

또한 클로바 노트를 활용하면 관찰 기록을 간단하게 작성하고 정리할 수 있으며, QR코드를 이용해 활동 자료를 공유하며 유아와 상호작용하는 수업도 가능합니다. 네이버를 활용하면 수업 자료 탐색, 기록, 공유까지 한 번에 처리하면서 유아의 호기심과 참여를 자연스럽게 확장할 수 있습니다.

이 장에서는 네이버의 다양한 기능과 활용 사례를 살펴보며 교사가 스마트 도구를 활용해 수업과 놀이 속에서 정보 탐색과 자료 관리, 학급 활동을 보다 효율적이고 창의적으로 운영할 수 있는 방법을 안내합니다.

▲ 스마트렌즈를 활용해 식물을 탐색하는 모습

03-1 스마트렌즈로 궁금한 동식물 알아보기

네이버 스마트렌즈는 네이버가 제공하는 이미지 기반 검색 서비스입니다. 스마트폰 카메라를 통해 실시간으로 사물을 촬영하거나 기존 이미지를 활용하여, 유아들의 호기심을 즉각적으로 해소하고 탐구 활동을 촉진하는 데 활용할 수 있습니다. 또한 실외 활동 시 유아들이 교사도 미처 알지 못하는 식물에 대한 궁금증을 표현할 때 네이버 스마트렌즈를 활용하여 유아와 함께 직접 식물을 검색하고 알아가는 경험은 유아들의 지적 호기심을 충족시켜줄 수 있습니다.

- **이미지 기반의 검색 기능:** 스마트렌즈는 사진이나 이미지를 활용하여 원하는 정보를 찾아주는 검색 서비스입니다. 카메라로 직접 촬영하거나 갤러리에 있는 이미지를 불러오면, 인공지능(AI)이 사진 속 객체나 텍스트를 분석하여 관련 정보를 찾아줍니다.
- **다양하고 특화된 정보 탐색:** 스마트렌즈는 다채로운 정보 탐색 기능을 제공합니다. 텍스트를 인식하여 번역해 주거나, 라벨을 스캔하여 정보를 알려주고, QR코드나 바코드를 검색하여 해당 정보를 즉시 확인할 수도 있습니다. 이 외에도 다양한 상황에 맞춰 활용될 수 있어 일상생활 속에서 매우 유용하게 쓰일 수 있습니다.
- **네이버 앱 내 간편한 접근성:** 네이버 앱을 실행한 후 홈 화면 검색창 옆에 있는 초록색 동그라미 아이콘을 누르면 스마트렌즈를 포함한 다양한 기능을 바로 사용할 수 있습니다. 접근성이 뛰어나기 때문에 필요한 순간에 언제든 쉽고 빠르게 활용할 수 있습니다.

▲ 이미지 기반의 검색 기능

▲ 다양하고 특화된 정보검색

▲ 간편한 접근성

궁금한 식물 스마트렌즈로 검색해보기

다음은 식물 검색을 예로 들어 단계별로 스마트렌즈를 사용하는 방법입니다. 촬영이 가능한 모든 것의 검색 과정이 동일합니다.

네이버 스마트렌즈 실행하기

01 앱 스토어에서 네이버 앱을 설치합니다. 네이버 앱을 실행하여 검색창 오른쪽의 ❶[초록색 동그라미]를 클릭합니다. 검색창 아래에 4개의 아이콘이 생기면 첫 번째 ❷[렌즈]를 클릭합니다.

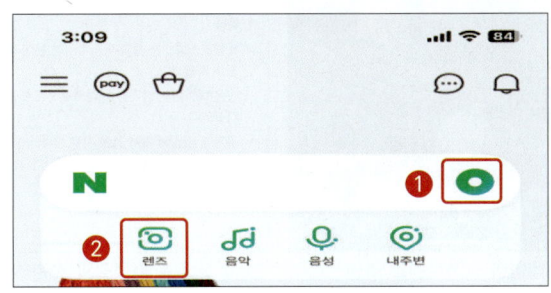

▲ 네이버 모바일 앱의 첫 화면

스마트렌즈로 검색하기

실시간으로 인터넷이 가능한 환경인지에 따라 검색 방법이 달라집니다.

01 네이버 앱을 실행하기 전에 인터넷 연결이 가능한지 확인합니다.

01-1 인터넷이 가능한 환경이라면 네이버 앱의 스마트렌즈를 실행하여 촬영합니다. 검색할 대상을 가운데에 위치하도록 조정한 후 하단의 ❶[하얀색 동그라미]를 클릭하면 촬영됨과 동시에 검색이 시작됩니다.

01-2 인터넷이 불가능한 환경이라면 기본 카메라 어플로 사진을 찍습니다. 인터넷 연결이 가능한 장소로 이동하여 네이버 앱의 스마트렌즈를 실행합니다. 스마트렌즈 화면에서 왼쪽 아래의 네모 ❷[기기에 저장된 사진]을 클릭합니다. 갤러리에서 검색할 사진을 선택하면 검색 결과를 볼 수 있습니다.

검색이 완료되면 스크롤을 내려 결과를 확인합니다.

▲ 네이버 스마트렌즈 화면

▲ 검색결과 화면

> **활용 꿀팁**
>
> ✓ 검색 결과 정보가 틀렸을 때 유아들과 함께 배우는 방법
>
> 1. 틀릴 수도 있어! 라고 자연스럽게 알려주세요.
>   먼저 유아들에게 "스마트렌즈가 늘 정답을 알려주는 건 아니야. 사람처럼 가끔 틀리기도 해!"라고 부드럽게 설명해 주세요. 기술도 완벽하지 않다는 것을 자연스럽게 인지시켜 주는 것이 중요해요.
>   **예** "어? 스마트렌즈는 이 꽃이 장미라고 말해주네? 그런데 선생님이 보기에는 좀 다른 것 같기도 하다. 친구들 생각은 어때?"
>
> 2. "정말 그럴까?" 질문으로 탐구심을 키워주세요.
>   바로 정답을 알려주기보다는 "정말 이 정보가 맞을까?", "우리 한 번 더 알아볼까?"와 같은 질문을 통해 유아들 스스로 정보를 의심하고 탐구하는 습관을 길러주세요. 이는 비판적 사고의 기초를 다질 수 있어요.
>   **예** "스마트렌즈가 이렇게 말해줬지만 정말 그럴까? 이 식물의 잎은 어떻게 생겼는지 다시 한번 자세히 볼까?"
>
> 3. 오류를 인정하고 배우는 모습을 보여주세요.
>   교사가 정보의 오류를 인정하고 "아, 스마트렌즈가 틀렸네! 선생님도 새로운 걸 배웠다!"라고 말하며 배우는 모습을 보여주는 것은 유아들에게 긍정적인 영향을 줍니다. 실수는 자연스러운 것이고 오류를 통해 배울 수 있다는 태도를 심어줄 수 있습니다.
>   이러한 접근 방식은 유아들이 디지털 정보를 무비판적으로 수용하기보다 스스로 판단하고 탐구하는 건강한 디지털 시민으로 성장하는 데 큰 밑거름이 될 거예요.

한 걸음 더 나아가기

01. 우리 반 식물 정원

유아들이 직접 관찰하고 촬영하여 알게 된 식물들의 사진 전시회를 개최할 수 있습니다. 호기심을 가졌던 식물에 대한 관심을 지속시키며 식물의 이름을 학습하면서 어휘력 발달을 도울 수 있습니다. 더불어 자신의 사진 작품이 전시되는 경험을 통해 뿌듯함과 성취감을 느낄 수 있습니다.

▲ 식물 전시회

02. 찰칵! 호기심 도감 만들기

스마트렌즈로 검색했던 결과물을 모아 도감을 만들 수 있습니다. 친구들이 궁금했던 것이 무엇이었는지 공유하며 더 궁금한 점에 대해서도 생각해 볼 수 있습니다. 도감을 만드는 과정을 통해 유아들은 자료를 수집하고 정보를 정리하는 능력을 자연스럽게 기를 수 있습니다.

▲ 찰칵 호기심 도감

03. 우리 동네 식물 탐험대

가족과 함께 산책하거나 집 주변을 둘러보며 스마트렌즈로 식물을 촬영하고 이름을 찾아보는 활동을 할 수 있습니다. 어떤 식물을 발견했으며 스마트렌즈로 무엇을 알게 되었는지 간단히 기록하고 가장 마음에 드는 식물의 특징을 가족과 함께 이야기 나눠 볼 수 있습니다.

▲ 우리 동네 식물 탐험 결과 패들렛

03-2 네이버 지도로 우리 동네 탐방하기

　네이버 지도는 유아들의 생활 지역을 온라인에서 다양하게 탐색할 수 있는 유용한 도구입니다. 일반 지도, 위성 지도, 지형 지도 등 여러 유형을 제공하며, 거리뷰를 통해 실제 거리를 걷는 것처럼 생생하게 살펴볼 수도 있습니다. 교사는 이를 활용해 현장학습 경로를 미리 확인하거나 유아들과 함께 우리 동네의 특징을 탐구하는 활동을 진행할 수 있습니다.

　네이버 지도는 거리뷰뿐만 아니라 여러 가지 기능을 제공하여 교사가 학급 활동에 다양하게 활용할 수 있습니다. 또한 저장 및 공유 기능으로 해당 자료를 유치원의 다른 구성원들과 나눌 수 있어 교육적으로 유용합니다.

- **지도 유형 선택**: 일반 지도, 위성 지도, 지형 지도 등 다양한 형태로 지역을 살펴볼 수 있음
- **거리뷰**: 실제 거리를 걷는 것처럼 건물과 길을 생생하게 볼 수 있음
- **길찾기**: 현장학습이나 마을 탐방 전에 이동 경로를 미리 확인할 수 있음
- **주변 정보 검색**: 동네의 공원, 도서관, 상점 등 생활 시설을 찾아볼 수 있음
- **저장 및 공유**: 즐겨찾기나 링크 공유 기능을 통해 다른 학급과 자료를 함께 활용할 수 있음

▲ 위성 지도 모드

▲ 거리 뷰 모드

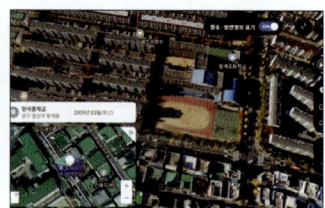
▲ 항공뷰 모드

거리뷰로 우리 동네 탐방하기

거리뷰는 교실 안에서 유아들이 손쉽게 지역 탐방 활동을 확장할 수 있는 장점이 있습니다. 현장학습 사전 답사로 활용하기에도 유용하며, 유아들의 생활 공간을 시각적으로 기록하고 공유하는 데 효과적인 도구입니다. 이제 거리뷰를 활용해 우리 동네를 어떻게 탐방할 수 있는지 함께 살펴봅시다.

네이버 지도 들어가기

01 검색창에 '네이버 지도'를 입력한 뒤, 검색 결과에서 ❶[네이버 지도]를 클릭하면 바로 접속할 수 있습니다.

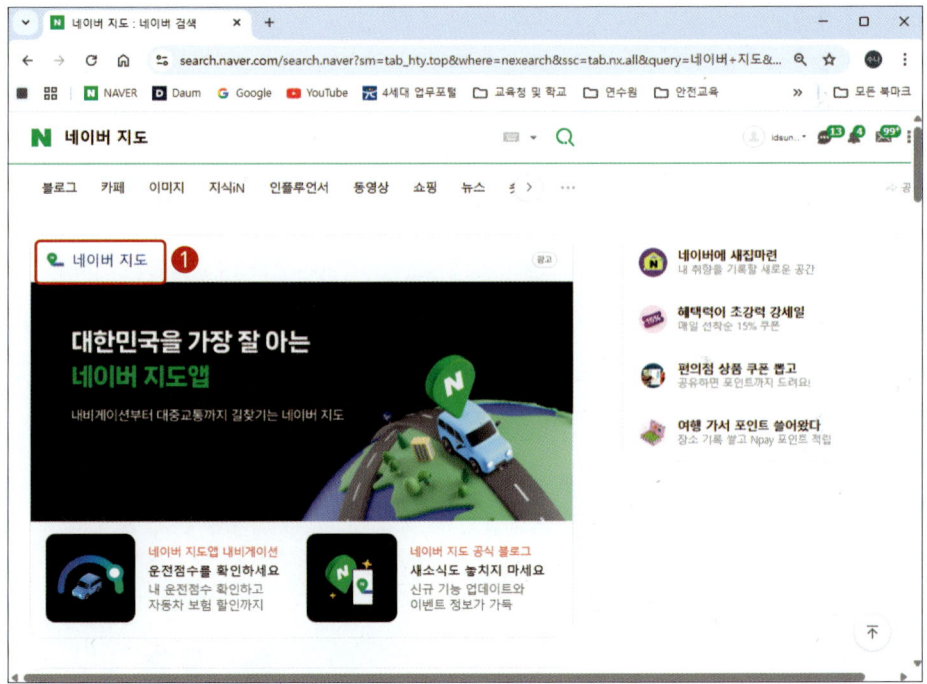

지도 유형 선택하기

01 우측 상단의 ❶[지도 유형]에서 일반 지도, 위성 지도, 지형 지도를 선택하여 볼 수 있습니다.

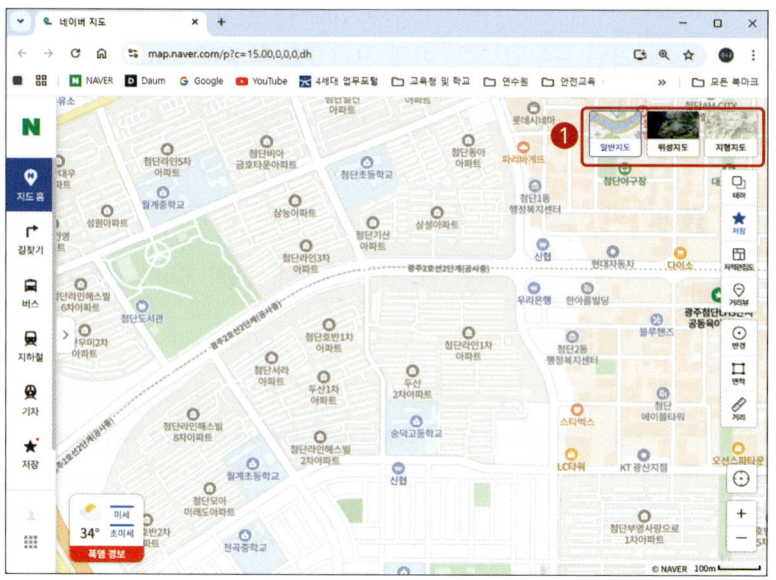

거리뷰 보기

01 우측 메뉴에서 ❶[거리뷰]를 클릭한 뒤, 보고 싶은 길 위에 커서를 두면 해당 장소의 거리뷰를 확인할 수 있습니다. 지도에서 파란색으로 표시된 구간은 거리뷰로 살펴볼 수 있는 영역입니다.

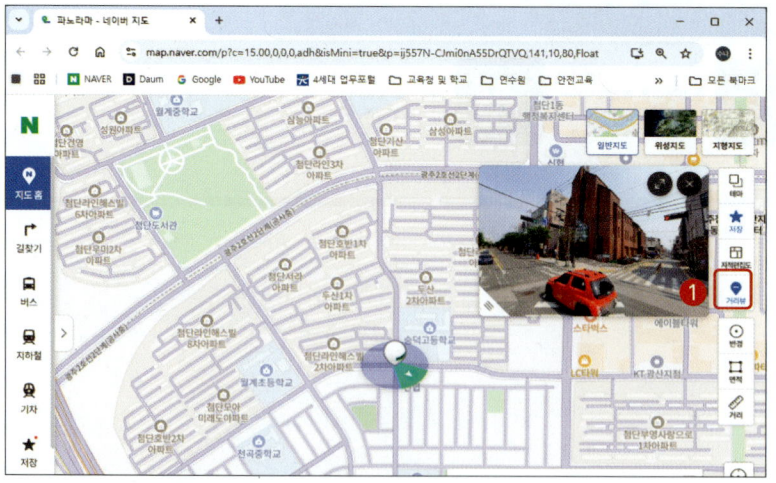

02 가고 싶은 길에 커서를 두고 원하는 지점을 클릭하면 자유롭게 이동하며 주변 길을 살펴볼 수 있습니다. 화면 하단에 ❶[길 따라가기]를 클릭하면 자동으로 전진하며 길을 더욱 실감 나게 탐색할 수 있습니다.

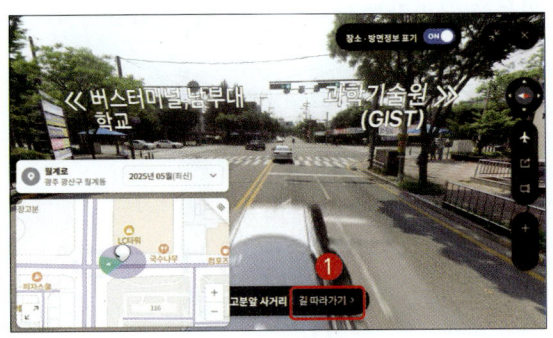

항공뷰 보기

01 화면 하단에서 ❶[항공·수중뷰]를 클릭하여 체크한 뒤, 지도에 표시된 ❷[✈ 항공뷰] 또는 [🌊 수중뷰] 아이콘을 선택하면, 해당 장소의 항공뷰 또는 수중뷰를 확인할 수도 있습니다.

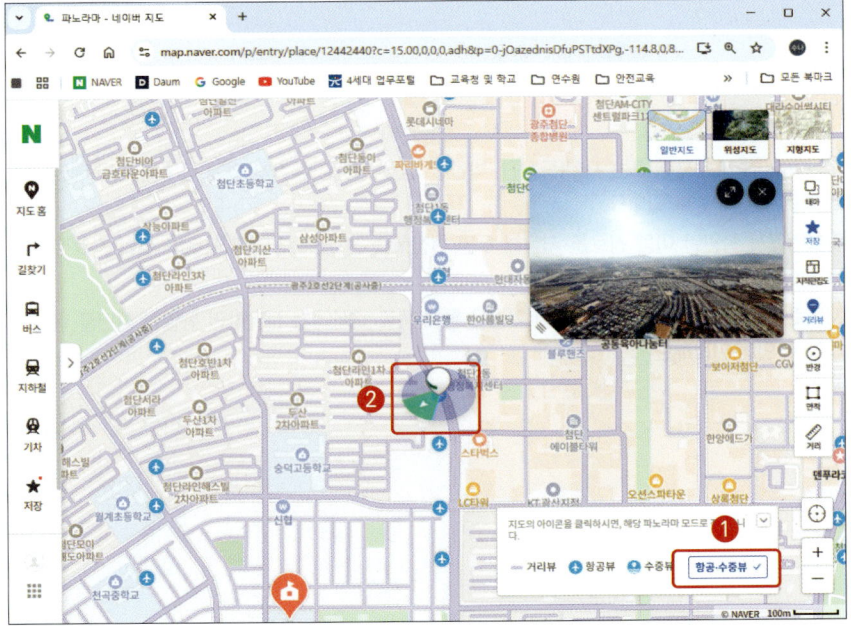

3장 _네이버 활용법 수업을 더 스마트하게 **107**

지도 내려받기

01 우측 하단에서 ❶[다운로드]를 클릭하면, 현재 화면의 지도를 이미지 파일로 저장할 수 있습니다. 이렇게 내려받은 이미지는 수업 자료나 놀이 기록에 활용할 수 있으며, 유아들과 함께 다양한 지도 활동을 꾸려가는 데 유용하게 쓸 수 있습니다.

  활용 꿀팁

- ✓ 현장학습 장소나 자주 가는 시설(도서관, 박물관, 공원 등)을 [즐겨찾기]에 등록해 두면 매번 검색하지 않고 빠르게 찾아볼 수 있어요.
- ✓ 길찾기에서 확인한 이동 경로를 저장해 두면 현장학습 전 교직원 안내 자료나 수업 자료로 바로 활용할 수 있어요.
- ✓ 지도로 확인한 위치나 경로를 [공유] 기능을 통해 동료 교사에게 전달하면 동일한 화면을 함께 보면서 안내할 수 있어 편리해요.

한 걸음 더 나아가기

01. 미리 현장학습 장소를 탐방해요.

네이버 지도의 거리뷰 기능을 활용하면, 현장에 직접 가기 전에 장소의 주변 환경과 이동 경로를 미리 살펴볼 수 있습니다. 유아들과 함께 교실에서 화면으로 목적지를 탐방하며 어떤 길로 걸어가야 하는지, 주변에 어떤 시설이 있는지를 이야기해 보는 것도 좋습니다. 이를 통해 유아들은 현장학습에 대한 기대감을 가질 수 있고, 교사는 사전 안전 점검과 현장학습 준비를 더욱 꼼꼼히 할 수 있습니다.

▲ 거리뷰를 통해 걸어서 현장학습 장소 미리 탐방하기

02. 우리 동네 지도를 함께 만들어요.

네이버 지도의 화면을 교실에서 함께 살펴보면 실제 지도의 요소를 쉽게 관찰할 수 있고, 이를 바탕으로 친구들과 '우리 동네 지도'를 만들어 보는 활동으로 이어갈 수 있습니다. 예를 들어, 유아들과 유치원, 집, 공원, 도서관, 상점 등을 그림이나 사진으로 표현해 지도에 배치하면 생활 경험을 시각화하는 놀이로 확장됩니다.

▲ 네이버 지도와 빔프로젝트를 활용한 지도 구성하기

03. 네이버 지도에 필요한 정보 수정 제안에 참여해요.

네이버 지도는 단순히 정보를 확인하는 데서 그치지 않고, 우리가 직접 내용을 수정하거나 보완할 수도 있습니다. 예를 들어, 장소 이름 및 영업 시간이 잘못되어 있거나 새로운 시설이 추가된 경우에 [정보]-[정보 수정 제안] 기능을 통해 수정 요청을 할 수 있습니다. 교사가 유아들과 함께 우리 동네 지도를 살펴보다가 잘못된 부분을 발견하고 이를 바로

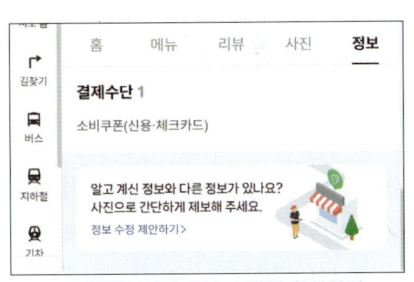
▲ 네이버 지도 정보 수정에 참여하기

잡는 활동으로 확장한다면, 유아들은 놀이 속에서 지역 사회에 기여하는 경험을 하게 됩니다. 이는 곧 디지털 공간에서도 우리가 생활하는 공동체에 참여하고 변화를 만들어갈 수 있다는 것을 보여주는 의미 있는 배움으로 이어질 수 있습니다.

03-3 클로바노트로 손쉽게 관찰 기록 작성하기

클로바노트를 활용한 유아들의 놀이 기록은 기록을 디지털화하여 유아의 놀이 현장을 실시간으로 포착하고 체계적으로 관리할 수 있도록 돕습니다. 이를 통해 교사는 현장에서 사진, 영상, 메모 등을 즉시 기록하며 놀이 중심·유아 중심 교육과정의 연계성을 강화할 수 있습니다. 또한 클라우드 기반의 자료 관리와 검색 기능은 업무 효율성을 크게 증대시켜 문서 작성 시간을 단축시켜 줍니다. 아울러 교사 간 놀이 기록 공유 및 학부모와의 소통 채널로도 활용되어 협력적 관계를 강화합니다. 궁극적으로 이러한 편리성은 유아 중심 교육과정의 내실화를 지원하며 유치원 교육의 질을 한층 높이는 데 기여합니다.

클로바노트의 다양한 기능을 활용하여 다음과 같은 것들을 할 수 있습니다.

- **놀이 관찰 음성 기록 및 자동 텍스트 변환:** 유아들의 놀이를 관찰하면서 손으로 메모하기 어려울 때, 교사는 관찰 내용을 음성으로 기록하고 클로바노트가 이를 텍스트로 변환해 줄 수 있습니다.
- **놀이 전개 과정 분석 및 반성적 성찰:** 녹음된 놀이 기록을 텍스트로 변환한 후 다시 들여다보는 일은 놀이의 흐름, 유아들의 선택과 집중 정도, 교사의 개입 시점과 효과 등을 심층적으로 분석하고 반성적 성찰의 기회로 이어질 수 있습니다.
- **AI 요약 기능을 활용한 핵심 정리:** 긴 놀이 관찰 기록 중에서도 핵심적인 내용이나 특정 유아의 놀이 특성, 발달 단계 등을 클로바노트의 AI 요약 기능을 통해 빠르게 파악하고 필요한 정보를 추출하여 기록 정리 시간을 크게 단축시켜 줄 수 있습니다.

- **기록 공유 및 협업의 용이성:** 텍스트로 변환된 놀이 기록은 동료 교사와의 협업, 학부모 상담 시 유아의 성장과 배움을 설명하는 자료로 활용하기 용이합니다.
- **다른 기록 도구와의 연계:** 클로바노트로 기록한 음성-텍스트 내용을 복사하여 굿노트나 패들렛(Padlet)과 같은 다른 디지털 기록 도구에 붙여넣으면, 사진이나 영상과 함께 통합적으로 관리할 수도 있습니다.

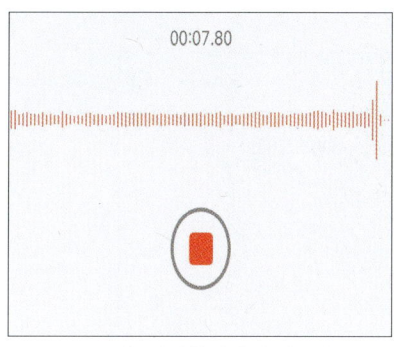 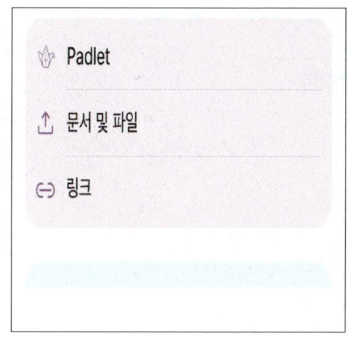 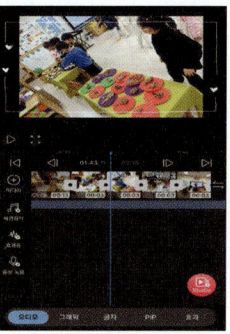

▲ 놀이 관찰의 음성 기록화   ▲ 다른 기록 도구와 연계   ▲ 동영상 제작과 연계

유아들의 놀이 음성 기록하기

클로바노트의 음성 녹음 기능을 놀이 관찰 시 활용하면 교사는 유아의 놀이 현장을 방해하지 않고 음성으로 상세히 기록할 수 있습니다. 또한 녹음한 내용은 자동으로 텍스트로 변환되어 활용하기 편리합니다. 특히 유아들의 흥미로운 대화나 교사와의 상호작용을 정확히 기록할 수 있어, 유아의 언어 및 사회성 발달 과정을 심층적으로 이해하는 데 중요한 자료가 됩니다.

클로바노트 접속 및 로그인하기

01 PC 또는 모바일 앱에서 네이버(naver)에 접속하여 네이버 계정으로 로그인한 후, '클로바노트(ClovaNote)' 검색하고 접속합니다. 또는 클로바노트 홈페이지에 접속한 후 ❶[로그인]를 클릭합니다. 네이버 계정으로 로그인합니다.

- 클로바노트 홈페이지: https://www.clovernote.naver.com

▲ 네이버에서 클로바노트 검색 후 화면

▲ 클로바노트 홈페이지 화면

▲ 네이버 로그인으로 연결된 화면

녹음하기

01 노트북 등 마이크 장치가 준비되면 ❶[녹음] 버튼을 클릭합니다.

02 녹음할 언어 및 북마크 등 녹음할 환경을 설정합니다.

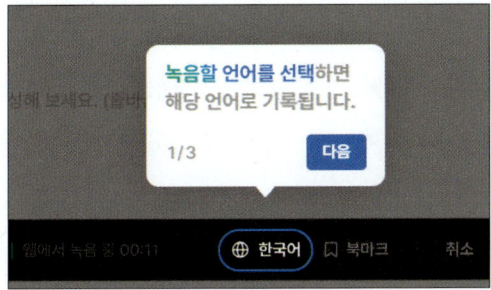

▲ 녹음 버튼 클릭 후 녹음화면 설정화면

03 녹음을 종료하면 음성이 텍스트로 바로 전환되어 화면에 나타납니다.

녹음 파일 불러오기 및 저장하기

01 ❶[새 노트]를 클 릭한 후 ❷[파일 첨부]를 눌러 녹음된 파일을 불러옵니다. 녹음된 파일의 참석자를 별도 표기할 경우 ❸[+]를 클릭하여 작업합니다.

02 녹음된 파일을 불러온 후 ❶[:]을 클릭하여 ❷[음성 기록 다운로드]를 클릭합니다.

03 ❶[파일 형식]과 ❷[포함 정보]를 선택한 후 ❸[다운로드]를 클릭합니다.

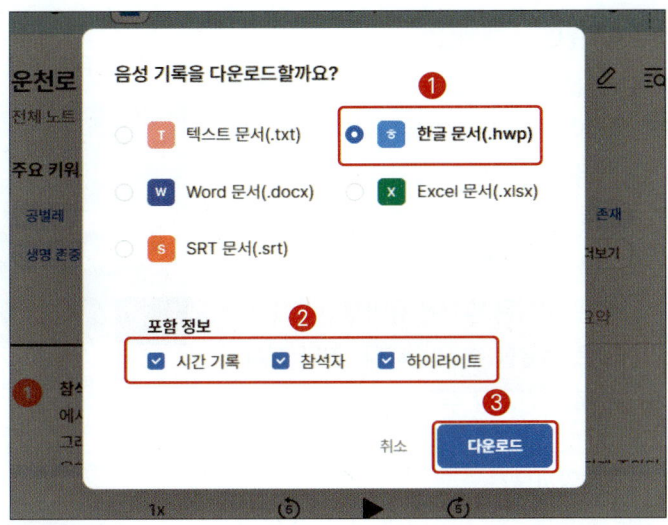

04 다운로드 된 파일을 편집 및 다른 이름으로 저장하여 사용합니다.

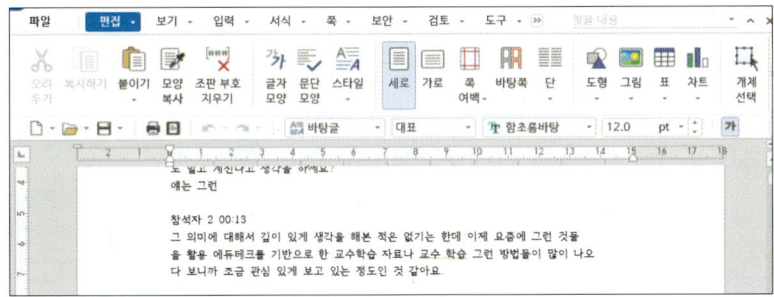

> **활용 꿀팁**
> ✓ 핸드폰의 녹음 기능을 활용하여 유아 놀이 상황 및 협의 내용, 상담 내용 등을 녹음 후 클로바노트로 공유하여 사용할 수 있어요.
>
>   녹음 ➔ 공유 ➔ 클로바노트 ➔ 음성 파일 다운로드 ➔ 카톡(나에게 보내기) 또는 개인 메일 등 파일 전송 ➔ 편집 및 출력
>
> ✓ 클로바노트는 무료 버전과 유료 버전이 있으며 무료로 매월 300시간 사용이 가능해요. 더 많은 시간과 확장된 기능을 제공받고자 할 경우에는 유료 버전을 사용하면 돼요.

한 걸음 더 나아가기

01. 우리 목소리로 유치원을 소개해요!

클로바노트의 녹음 기능은 다양한 활동에 적용이 가능합니다. 유치원의 형님반이 동생반에게 유치원 시설과 유치원 약속에 대해 알려주는 활동에도 클로바노트를 활용할 수 있습니다. 유치원 소개 영상을 찍고 클로바노트로 녹음된 목소리를 오디오 삽입하여 영상을 제작할 수 있습니다. 형님반의 목소리로 제작된 영상은 유아들의 흥미를 높여 내용을 효과적으로 전달할 수 있습니다. 기타 행사 시 유치원 소개 영상으로도 활용할 수 있습니다.

▲ 유치원 소개 나레이션

02. 어떤 친구의 목소리일까요?

새학기에 주로 하는 활동에 '친구에 대해 관심 갖기'와 관련된 활동들이 많습니다. 친구 얼굴의 조각 사진만으로도 어떤 친구인지 알아볼 수 있지만, 친구 이름을 알게 된 후에는 클로바노트를 이용해 친구의 목소리로 녹음된 친구 소개글을 보고 친구를 맞혀보는 활동으로 확장하여 진행할 수 있습니다. 이를 통해 평소에도 친구의 목소리에 경청할 수 있는 기본생활습관 형성에 긍정적인 효과를 줍니다.

▲ 누구의 목소리일까요?

03. 독서 골든벨

유치원에서 독서 지도 확장 활동으로 '독서 골든벨' 활동을 많이 합니다. 이 때 교사가 직접 문제를 읽어줄 수 있지만, AI를 활용한 목소리 생성 또는 클로바노트를 통해 교사가 미리 문제를 녹음하여 제시할 때 색다른 음성 환경에 유아의 집중도가 높아지고 교사의 독서 골든벨 진행에 대한 부담을 줄일 수 있습니다.

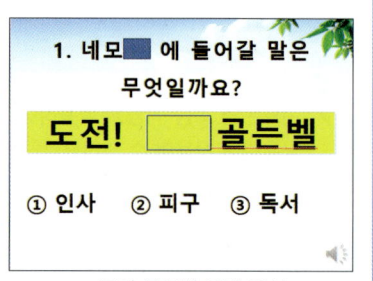
▲ 독서 골든벨 문제 제시

03-4
QR코드로 자료 공유 및 놀이하기

QR코드는 유치원 현장에서 자료를 쉽고 빠르게 공유하거나 놀이 활동을 확장하는 유용한 도구입니다. 교사는 수업 자료, 동요, 동화, 영상, 활동 방법 등을 QR코드로 생성하여 유아들이 직접 스캔하도록 유도함으로써, 흥미를 높이고 자발적인 참여를 유도할 수 있습니다. 또한 가정과의 연계 교육에도 효과적이며, 학부모에게 놀이 방법이나 활동 결과를 공유할 때도 QR코드를 활용하면 접근성과 편의성이 크게 향상됩니다.

QR코드로 자료를 제작하기 위해 사용하는 주된 기능으로는 다음과 같은 것들이 있습니다.

- **코드 스타일 선택**: QR코드의 원하는 스타일 선택
- **중앙 로고 사용**: 사진 파일을 업로드하여 QR코드 중간에 원하는 로고 삽입 가능
- **문구 첨부**: QR코드의 상단 혹은 하단에 원하는 문구 첨부

▲ 코드 스타일 선택

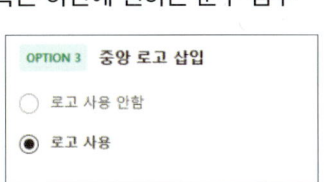
▲ 중앙 로고 사용

▲ 문구 첨부

우리만의 영화관, QR 티켓으로 입장!

영화관 놀이에서 QR코드를 활용한 관람 티켓을 통해 입장을 확인함으로써 유아들에게 실제 영화관과 같은 경험을 제공할 수 있습니다. 교사가 사전에 생성한 QR코드를 티켓에 인쇄하여 제공하고, 유아들이 영화관 놀이 공간에 입장할 때 이를 스캔함으로써 입장 절차를 체험할 수 있습니다. 이 과정에서 유아들은 표를 제시하고 확인받는 상황을 놀이로 익히며, QR코드를 스캔하는 행위 자체가 흥미를 더해주어 놀이의 몰입감을 높입니다.

네이버 QR코드 접속 및 로그인하기

01 PC 또는 모바일 앱에서 네이버(Naver) ❶[QR코드]를 검색한 후 접속해 로그인합니다. ❷[코드 생성]을 클릭합니다.

코드 디자인하기

01 기본형, 라운드형, 원형, 부드러운형 중 원하는 ❶[코드 스타일]을 선택하고, 원하는 ❷[스킨 스타일]의 색깔을 선택합니다.

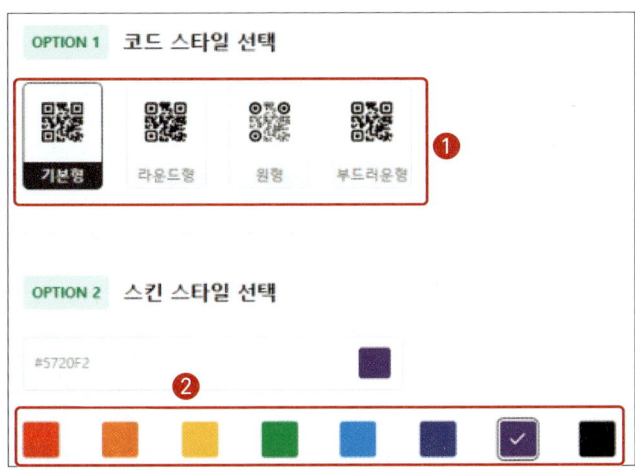

02 중앙 로고 사용을 원한다면 ❶[로고 사용]을 클릭한 후 ❷[파일첨부]를 눌러 원하는 이미지를 업로드합니다. ⒶQR코드 미리보기를 통해 자신이 만든 QR코드를 즉각적으로 확인할 수 있습니다.

03 문구 첨부를 원한다면 ❶[문구 사용]을 클릭한 후 원하는 문구를 입력합니다.(ⓓ 입장 확인합니다) 원하는 ❷[문구 위치]를 클릭한 후 원하는 ❸[문구 컬러]를 선택합니다. ⓐQR코드 미리보기를 통해 자신이 만든 QR코드를 즉각적으로 확인할 수 있습니다.

페이지 디자인하기

01 ❶[자체제작]을 클릭합니다.

02 원하는 ❶[페이지 색상]을 클릭하고, ❷[페이지 제목]을 입력합니다.

03 갤러리에서 ❶[갤러리 타입]을 선택한 후 ❷[이미지]를 클릭하여 첨부합니다. QR코드 미리보기에서 QR코드를 스캔 시 나올 랜딩 페이지의 Ⓐ미리 보기 샘플을 확인합니다.

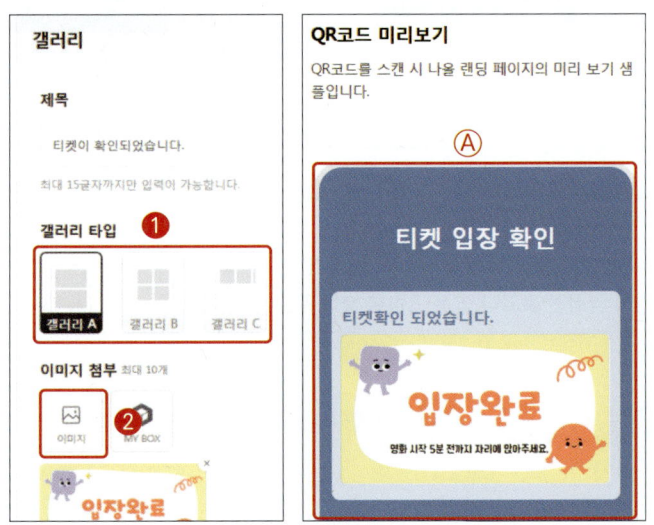

저장하기

01 QR코드를 생성한 후 하단의 ❶[코드 저장]을 클릭합니다. 이미지 파일로 저장하기 위해 ❷[JPG]를 클릭하고 원하는 ❸[크기]를 선택한 후 ❹[저장]합니다.

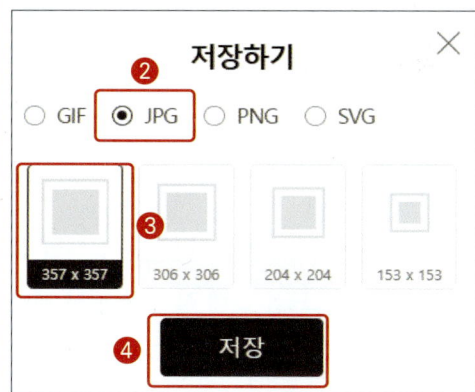

 활용 꿀팁
- ✓ QR코드를 스캔할 수 있는 디지털 기기(예 스마트폰, 태블릿PC 등)를 구비하여 유아가 직접 사용해볼 수 있어요.
- ✓ 각 티켓마다 좌석 번호를 다르게 넣어 좌석 번호가 나오도록 만들 수 있어요.
- ✓ QR코드 배경에 영화관 로고나 팝콘 그림을 넣어 꾸밀 수 있어요.

한 걸음 더 나아가기

01. 우리 반 동요 발표회 (QR 초대장)

QR코드를 활용해 초대장을 만들어 유아들의 동요 영상을 부모님께 전달할 수 있습니다. 부모님은 QR코드를 스캔하는 간단한 방식으로 자녀의 활동을 손쉽게 시청할 수 있어, 유아의 자존감과 성취감을 높이는 데 큰 도움이 됩니다. 또한 유아들은 자신의 노래가 가족에게 공유된다는 경험을 통해 자신을 표현하는 즐거움을 느끼고, 음악 활동에 대한 흥미와 참여도를 더욱 높일 수 있습니다.

▲ QR영상을 통한 초대장 제작

02. 우리나라 위인을 찾아서!

유아들과 함께 한국을 빛낸 위인들에 대해 재미있고 자연스럽게 배울 수 있는 놀이를 모아 놀이 포스터를 제작할 수 있습니다. 위인 박물관 놀이, 위인 부루마블 게임, 역할극, 노래 부르기 등 다양한 활동을 시각적으로 기록하고 정리할 수 있습니다. 특히 각 활동 모습을 QR코드로 제작하여 부모님과 함께 공유하거나, 다른 교사들과도 쉽게 나눌 수 있습니다.

▲ QR작품을 통한 놀이 포스터 제작

03. 가정과 함께 만드는 우리 유치원 교육과정 (QR 설문지 안내)

유치원 교육과정과 관련된 학부모 설문지를 QR코드로 제작하여 가정에 보다 쉽고 빠르게 안내할 수 있습니다. 종이 설문지 대신 QR코드를 활용함으로써 부모님들께서 스마트폰으로 간편하게 참여하실 수 있고, 회신률도 높아지는 효과가 있습니다. 설문 응답을 통해 가정의 의견을 수렴하고 교육과정 운영에 반영하며 더 나은 교육 환경을 함께 만들어갈 수 있습니다.

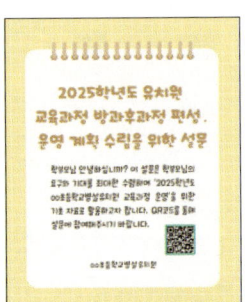

▲ QR설문지를 통한 가정안내 자료

미니특강 | 클라우드로 여는 스마트 자료실, 네이버 MYBOX

네이버 MYBOX는 클라우드 기반의 파일 저장·공유 서비스로, 언제 어디서든 자료를 보관하고 활용할 수 있습니다. 별도의 USB나 외장하드 없이도 자료를 관리할 수 있으며, PC와 모바일 모두 지원하여 자료를 효율적으로 다룰 수 있습니다. 네이버 MYBOX의 공유 기능을 활용하면 교사들이 하나의 폴더에 안내문, 수업자료, 사진 등을 손쉽게 주고받으며 함께 열람할 수 있고, 분실 위험 없이 자료를 안전하게 관리할 수 있습니다.

[네이버 MYBOX 사용법]

01 PC에서 네이버에 로그인합니다. 모바일은 앱스토어/플레이스토어에서 네이버 MYBOX 앱을 설치 후 로그인합니다.

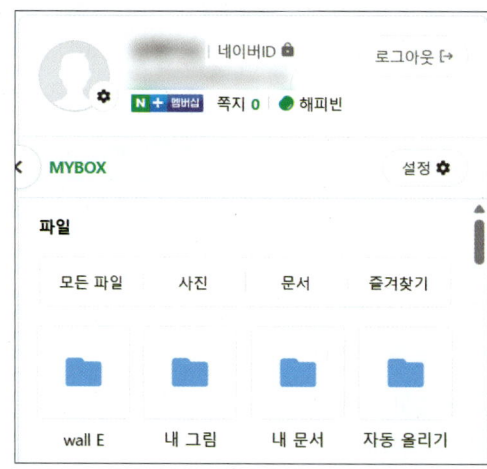
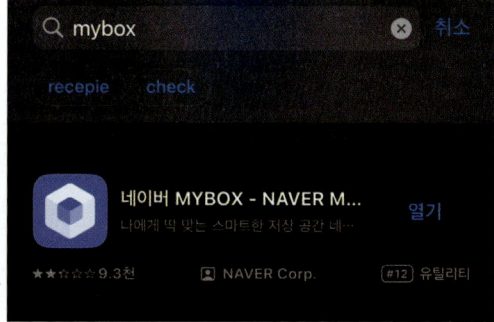

02 PC에서는 웹 화면 상단의 '올리기' 버튼을 클릭해 파일이나 폴더를 업로드 합니다. 모바일에서는 '+'버튼을 눌러 사진, 문서, 영상 등을 바로 업로드할 수 있습니다.

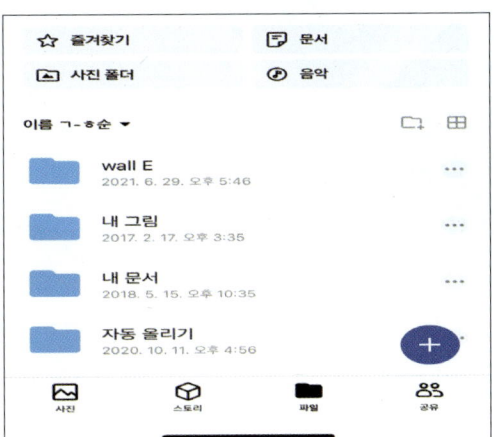

03 원하는 파일 또는 폴더를 선택 후 '공유'를 클릭하면 링크 공유와 멤버 초대가 가능합니다. 링크는 만료일, 비밀번호 설정이 가능해 안전하게 관리할 수 있습니다. 멤버 초대를 통해 만들어진 공유 폴더는 외부인 접근이 불가하며, 멤버들만 파일을 열람하고 편집할 수 있습니다.

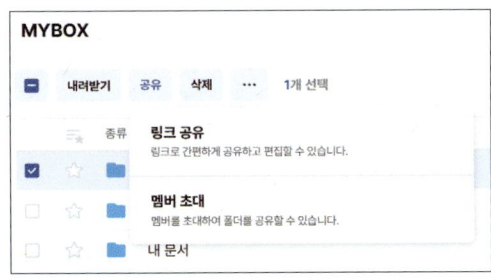
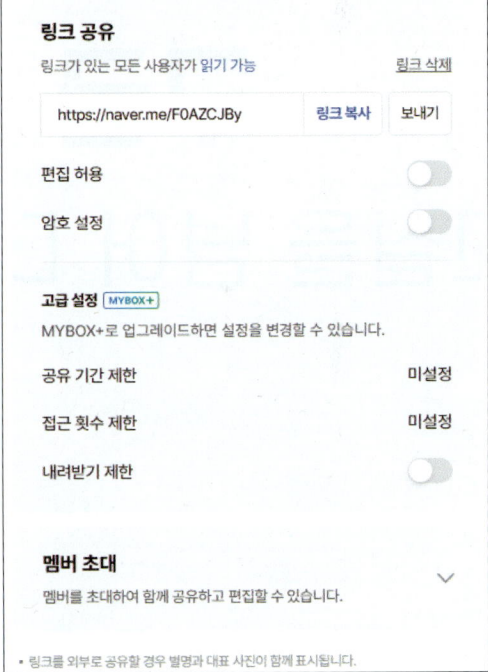

> **교사의 TIP**
> - 중요한 파일은 PC나 모바일 앱에서 '오프라인 저장'을 해두면 인터넷이 안되는 상황에서도 열람할 수 있습니다.
> - 이메일로 보내기 어려운 사진, 영상 같은 대용량 파일도 링크 공유로 간단히 전달할 수 있어 자료 정리에 유용합니다.

구글 활용법
교실을 넘어 더 넓은 세상으로

구글(GOOGLE) 이란?

"검색, 지도, 클라우드, 문서 작성 등
다양한 기능을 통합적으로 활용할 수 있는 디지털 플랫폼"

교사는 수업 준비, 자료 관리, 학급 운영 등에서 방대한 정보와 자료를 손쉽게 활용하고, 교육 공동체와 원활하게 협력할 수 있는 방법이 필요합니다. 구글은 아트앤컬쳐, 3D 탐색, 구글 시트, 드라이브, 폼 등 다양한 기능을 통해 교실을 넘어 넓은 세상과 연결된 학습 환경을 제공합니다. 아트앤컬쳐로 세계의 미술관을 탐험하고, 3D로 동식물을 입체적으로 관찰하며, 유아의 호기심과 탐구심을 자연스럽게 자극할 수 있습니다. 또한 구글 시트로 학급 데이터를 효율적으로 정리하고, 구글 드라이브를 통해 자료를 공유하며 협업할 수 있습니다. 구글 폼을 활용하면 설문과 의견 수렴도 간편하게 진행할 수 있어 교사와 유아, 학부모가 함께 참여하는 수업 설계가 가능합니다.

이 장에서는 구글의 다양한 기능과 활용 사례를 살펴보며 교사가 수업 및 학급 운영에서 정보 탐색, 자료 관리, 협력 학습을 효율적이고 창의적으로 실행할 수 있는 방법을 안내합니다.

▲ 유아들이 공룡을 관찰하기 위해 박물관에서 전시를 관람하는 모습

04-1 아트앤컬쳐로 세계의 미술관 여행하기

구글 아트앤컬처는 교실에서 세계의 박물관 및 미술관의 귀중한 예술 작품과 문화를 언제 어디서든 생생하게 만나볼 수 있도록 지원하고 있습니다. 유아들은 이를 통해 미술 감상에 대한 흥미와 참여를 높이고, 첨단 매체를 활용하여 미적 요소를 발견하며 예술에 대한 이해를 확장할 수 있습니다. 유아들의 눈높이에 맞춘 다채로운 온라인 전시와 기능은 미술에 대한 호기심과 표현 욕구를 자극하여 예술적 감수성을 풍부하게 하는 등 유아 미술 감상 교육에 교육적 가치를 더해줍니다.

아트앤컬쳐를 활용한 놀이는 다음과 같습니다.

- **가상 박물관 체험 놀이:** 전 세계의 유명한 박물관이나 미술관을 360도 영상으로 둘러볼 수 있습니다. 마치 직접 여행 가는 것처럼 이야기를 나누며 자유롭게 탐험할 수 있습니다.
- **작품 속 숨은 그림 찾기와 이야기 만들기:** 명화 속에 숨어있는 동물, 사람, 물건 등을 찾아보는 놀이와 그림을 보면서 "이 사람은 왜 이렇게 웃고 있을까?", "이 동물들은 어디로 가는 걸까?" 하고 상상하며 나만의 이야기를 만들어볼 수 있습니다.
- **명화 색칠 놀이와 명화 퍼즐 맞추기:** 다양한 명화들을 직접 색칠하거나 퍼즐로 맞출 수 있는 게임들이 준비되어 있어 좋아하는 그림을 선택하여 원하는 색으로 색칠하고 재구성할 수 있으며, 퍼즐을 맞추며 집중력과 문제 해결 능력을 기를 수 있습니다.
- **명화 감상놀이:** 명화 속 풍경을 감상하거나 인물들의 표정이나 동작을 따라 해보는 놀이로 창의력과 신체 표현력을 키울 수 있습니다.
- **나만의 명화작품 모음집 만들기:** 마음에 드는 명화를 내려받기 또는 자신이 색칠한 명화를 인쇄해서 작품에 대한 자신의 느낌과 생각을 그림과 언어로 표현한 종합 명화작품 모음집을 만

들 수 있습니다. 종이책 또는 PPT로 만들어 특별한 작품 전시회를 통해 친구에게 소개하고 감상하는 경험을 할 수 있습니다.

▲ AI카메라 검색 활용　　▲ 명화퍼즐 맞추기　　▲ 명화 감상놀이(예캐릭터 되어보기)

아트앤컬쳐로 떠나는 예술 여행

아트앤컬쳐 도구는 호기심이 많고 상상력이 풍부한 유아들과 함께 놀기에 정말 좋은 도구입니다. 단순히 감상만이 아닌 다양한 방식으로 문화와 예술을 경험하며 즐거운 배움을 만들어갈 수 있습니다. 아트카메라, 360도 동영상, 기가픽셀, 아트셀피, 칼라파레트 등 아트앤컬쳐 하이라이트 기능을 활용하면 유아들이 놀이처럼 예술을 접하고, 창의력과 상상력을 쑥쑥 키울 수 있어 유아들의 즐거운 예술 활동에 도움이 됩니다.

아트앤컬쳐(Google Arts & Culture) 접속 및 로그인하기

01 PC에서 구글 아트앤컬쳐를 검색하여 접속하거나 모바일에서 앱을 다운로드한 후 구글 계정으로 로그인합니다.

• 아트앤컬쳐 홈페이지: https://artsandculture.google.com

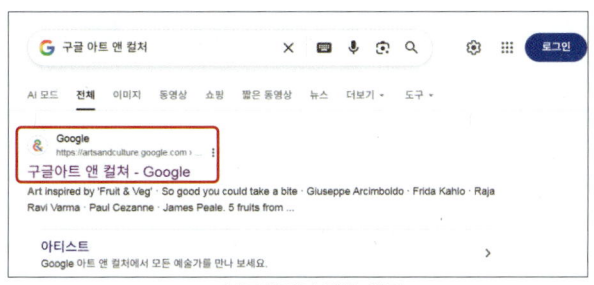

▲ 아트앤컬쳐 검색 화면

메뉴 선택하기

01 아트앤컬쳐 홈페이지 좌측 상단 ❶[메뉴]를 클릭한 후 원하는 Ⓐ작업아이콘을 선택합니다.

미술관 360도 가상체험하기

01 메뉴에서 ❶[컬렉션]을 클릭한 후 원하는 ❷[미술관 또는 박물관]을 선택합니다.

02 ❶[가상으로 방문하기]를 선택하면 화살표가 화면에 나타납니다. ❷[화살표]를 클릭하면 원하는 곳으로 이동할 수 있으며 360도로 작품을 감상할 수 있습니다.

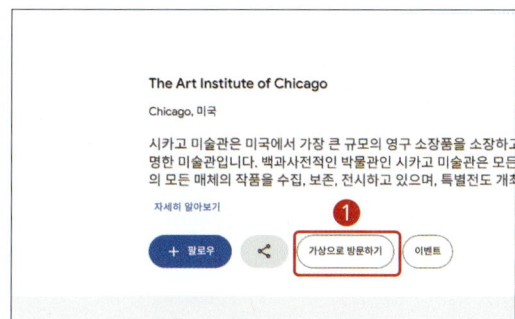 

테마별 자료 360도 둘러보기

01 이전과 동일한 방법으로 ❶[테마]를 선택합니다. ❷[찾아보기]를 클릭하면 원하는 Ⓐ 테마 자료를 고를 수 있습니다.

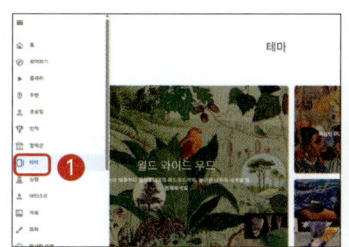  

02 마우스를 클릭하여 방향을 돌려 360도로 감상합니다

▲ 마우스를 클릭 후 방향을 돌리면 360도 이미지 확인

아트앤컬쳐의 하이라이트 기능 중 아트 프로젝터 즐기기

아트앤컬쳐의 하이라이트 기능을 통해 아트카메라, 360도 동영상, 기가픽셀, 아트셀피(셀카를 찍어 나와 닮은 초상화 찾아보기), 칼라파레트(사진의 색상을 사용하여 예술작품 감상하기), 아트 프로젝터(예술작품을 우리 집에서 실제 크기로 감상하기), 포켓 갤러리(미술 갤러리 증강현실(AR)) 등을 경험할 수 있습니다. 이 기능은 모바일에서 사용 가능합니다.

01 모바일에서 ❶[Arts&Culture]를 실행하면 자동 번역 기능 화면이 활성화됩니다. ❷[닫기] 버튼을 클릭한 후 본격적으로 앱을 이용할 수 있습니다.

 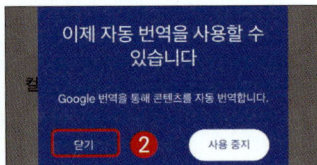

02 ❶[탐색]을 눌러 아트 프로젝터를 검색하거나 ❷[재생]을 선택한 후 ❸[Art Projector]을 클릭합니다.

03 그림을 가져오고 싶은 ❶[장소]를 클릭하고 원하는 그림을 선택 한 후 하단의 ❷[원형 버튼]을 눌러 이미지를 저장합니다.

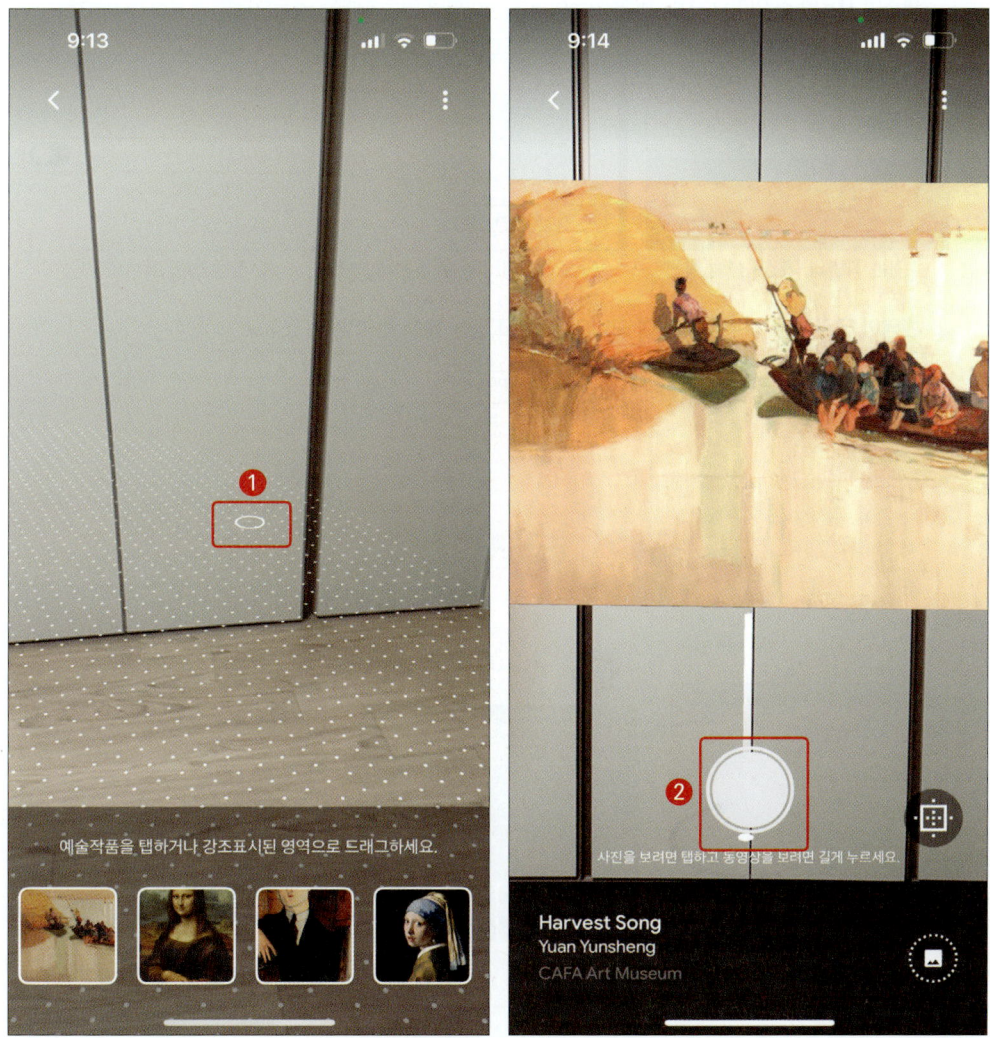

> **활용 꿀팁**

✓ 구글 아트앤컬처 앱은 영어로 기본 세팅되어 있으나, 구글 자동 번역이 내장되어 있어 한국어로 바로 번역하여 사용할 수 있어요. 자동 번역 기능이 비활성화되어 있을 때에는 수동으로도 활성화가 가능해요.

▲ 기본 화면의 '계정' 선택 화면　　▲ Arts & Culture 설정 선택 화면　　▲ 자동 번역 활성화 기능

✓ 번역이 되지 않을 경우 캡쳐하여 모바일 '파파고' 앱을 통해 번역할 수 있어요.

▲ '파파고' 앱 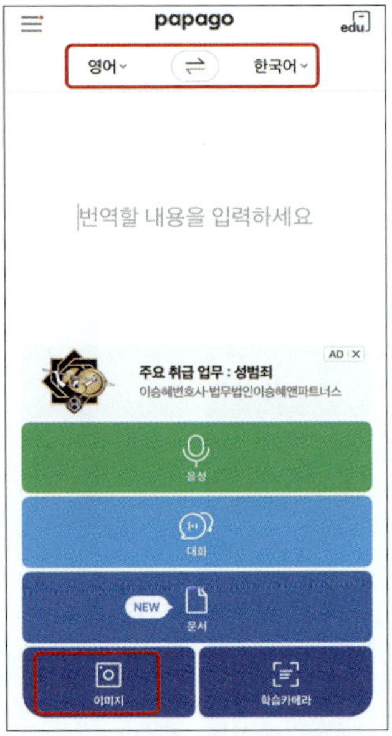　　▲ 영어에서 한국어 변환 후 이미지 선택 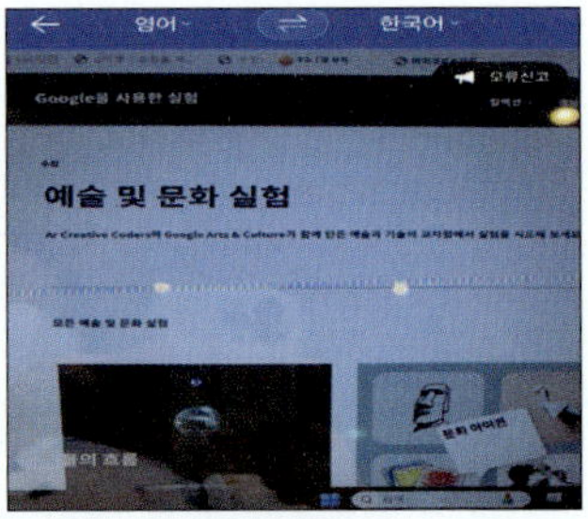　　▲ 카메라로 찍으면 자동 변환됨

한 걸음 더 나아가기

01. 닮은 꼴을 찾아라!!

아트앤컬쳐의 아트셀피 기능을 활용하여 자신의 셀카를 찍은 후 매칭되는 명화를 찾아봅니다. 또한 직접 명화 속 인물이 되어 표정이나 포즈를 따라 해보는 역할놀이를 통해 표현력과 상상력을 길러 볼 수 있습니다. 유아들은 자신과 닮은 인물을 찾는 과정에서 흥미를 느끼고, 예술 작품을 친근하게 느낄 수 있습니다.

▲ 닮은 꼴 찾기

02. 내가 만드는 도자기

도자기 만들기 현장체험 또는 찰흙을 통한 흙놀이에 대한 관심이 지속될 때 아트앤컬쳐에 있는 '3D 도자기' 활동으로 미디어 도자기를 만드는 경험을 제공할 수 있습니다. 이는 실제로 흙을 만져보고 싶어하는 흥미를 지속시키고 순환적으로 흙과 친해질 수 있는 기회를 제공하여 보다 세밀하고 지속적인 미술활동으로 진행할 수 있습니다.

▲ 3D 도자기와 실제 도자기

03. 영화 속 장면 이어서 표현하기

유아들이 흥미있어 하는 명화의 한 장면을 전자칠판에 띄워놓고, 명화 밖 그림에는 어떤 장면과 이야기가 있을지 상상하며 다양하게 표현해 볼 수 있습니다. 명화 장면을 출력하여 개인 또는 여러 명의 친구가 한 번씩 이어서 표현하는 방법은 창의력과 문제해결력 및 협동하는 태도를 기를 수 있습니다.

▲ 이어서 표현하기

04-2 구글 3D 기능으로 학습모델 눈앞에 불러오기

유아교육 현장에서 유아들의 학습 몰입도를 높일 혁신적인 도구로 구글 3D 기능이 주목받고 있습니다. 이 기능은 스마트폰이나 태블릿을 통해 평면 그림이 아닌 입체적 모델을 증강현실(AR)로 구현합니다. 교실에서 동식물, 문화유산 등을 실제 크기처럼 불러와 관찰하면 유아들은 마치 눈앞에 잇는 듯 생생하게 경험할 수 있습니다. 이 경험은 정보 전달과 함께 유아의 탐구심을 자극하고 관찰 활동에 몰입하는 학습 효과를 얻을 수 있습니다.

구글 3D 기능은 유아의 호기심을 확장하고 능동적인 학습을 유도하는 효과적인 디지털 도구입니다. 유치원 교육 현장에서 구글 3D 기능을 통해 아이들이 경험할 수 있는 활동은 다음과 같습니다.

- **다양한 동물의 입체적인 탐색:** 육지 및 바다 동물을 포함하여 다양한 동식물 모델 제공
- **선사시대 생물(공룡):** 여러 종류의 공룡을 실제 크기와 실감나는 형태로 제공
- **문화유산:** 세계여러나라의 문화유산을 실제적인 이미지로 탐색 가능

▲ 다양한 동물 탐색

▲ 공룡 탐색

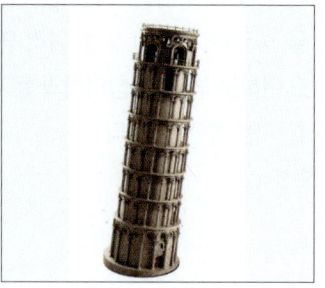
▲ 문화유산 탐색

우리 교실에 공룡 불러오기

유아들이 좋아하는 공룡은 더이상 그림책이나 평면적인 이미지로만 접하는 시대가 아닙니다. 구글 3D 기능을 활용하면 스마트폰이나 태블릿을 통해 실제로 살아 움직이는 듯한 공룡을 교실 공간에 구현할 수 있습니다. 구글 증강현실(AR) 기술은 현실 공간에 3D 이미지를 띄워 유아들이 공룡을 더욱 생생하게 탐색하고 교감할 수 있도록 도와줍니다. 교실에서 구글 3D를 활용하여 공룡을 주제로 어떻게 활용할 수 있는지 자세히 알아보도록 하겠습니다.

사용 기기 및 환경 준비하기

01 Google 앱을 실행하거나 Chrome 브라우저에서 Google.com에 접속합니다.

3D로 불러오고 싶은 공룡 이름 검색하기

01 검색창에 ❶[원하는 공룡 이름(예 티라노사우르스)]을 입력하고 검색 버튼을 클릭합니다.

'3D로 보기' 버튼 선택하기

01 검색 결과 페이지에서 해당 공룡의 정보와 함께 ❶[3D로 보기]를 클릭합니다.

02 '3D로 보기'를 선택하면 화면에서 공룡 3D 모델이 로드됩니다. 손가락을 사용하여 모델을 ❶[회전, 확대, 축소]하며 다양한 각도에서 관찰할 수 있습니다.

3D 모델 관찰하기

01 ❶[내 공간에서 보기] 옵션이 나타나면 기기 카메라를 통해 현실 공간(바닥 등)을 비추어 공룡을 실제로 배치해 볼 수 있습니다. ❷[실제 크기 보기]를 클릭하여 공룡을 실감나게 감상할 수 있습니다.

 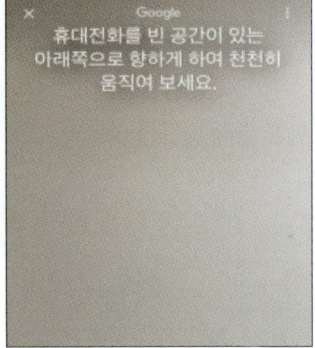 

 활용 꿀팁
- ✓ 화면에서 공룡 크기를 조절하여 유아 눈높이에 맞추거나 실제감을 극대화할 수 있어요.
- ✓ 소리 재생 기능을 통해 유아들의 청각적 흥미를 유발할 수 있어요.
- ✓ 다양한 공룡을 불러와 이름과 특징을 비교하며 어휘력과 관찰력을 기를 수 있어요.

한 걸음 더 나아가기

01. 우리 교실에 동물이 살고 있어요.

유아들과 교실의 블록 등 다양한 재료들을 이용해 동물 친구들을 위한 아늑한 집을 만들어 봅니다. 이렇게 준비된 환경 속에서 유아들은 동물을 돌보며 먹이를 주고 함께 산책하는 등 자유로운 역할 놀이를 하며 책임감과 공감 능력을 자연스럽게 기를 수 있습니다. 유아들은 마치 실제 동물을 키우는 듯한 몰입감 있는 경험을 통해 따뜻한 마음과 창의적인 문제 해결 능력을 향상할 수 있습니다.

▲ 동물 키우기 놀이 모습

02. 동물 백과사전을 만들어요.

유아들과 교실에 불러온 다양한 3D 동물들을 이리저리 돌려보고 확대해보며 생김새와 특징을 자세히 관찰합니다. 직접 눈으로 확인한 동물의 모습과 신기한 점을 떠올리며 글이나 그림, 혹은 이야기 등 자신만의 다양한 방식으로 자유롭게 표현하고 기록합니다. 유아들이 스스로 탐색하고 표현한 동물의 이름과 특징(털 색깔, 다리 개수, 먹이 등)들을 모아 우리 교실만의 '동물 백과사전'을 완성합니다.

▲ 동물 사전

03. 동물이 되어 움직여요.

구글 3D 기능을 활용하여 유아들의 신체 표현력과 동물을 향한 따뜻한 공감 능력을 키워주는 놀이를 진행할 수 있습니다. 3D 동물들을 눈앞에서 만나보고 동물들의 특징적인 움직임이나 재미있는 소리들을 주의 깊게 관찰합니다. 팔 다리를 힘껏 움직여 날개를 표현하거나, 느릿느릿 기어가는 모습을 흉내 내는 등 자신의 신체 능력을 활발하게 사용하며 자신감과 풍부한 표현력을 향상할 수 있습니다.

▲ 동물 신체표현 놀이

04-3
구글 시트로 유치원 및 학급 데이터 정리하기

구글 시트는 유치원과 학급 운영에 필요한 다양한 데이터를 체계적으로 관리할 수 있는 온라인 스프레드시트 도구입니다. 비상연락망, 안전 점검표, 교직원 연수 현황처럼 유치원 구성원이 함께 주기적으로 확인해야 하는 자료를 손쉽게 표로 정리할 수 있습니다. 자동 합계나 조건부 서식 기능을 활용하면 계산과 분류가 간편해지고 예산 관리 등 행정 업무의 효율성을 크게 높일 수 있습니다. 또한 공유 기능을 이용해 시트를 링크로 전송하면, PC나 모바일 어디서든 열람과 편집이 가능해 교직원 간 협업과 자료 공유에 효과적입니다.

구글 스프레드시트는 단순히 데이터를 정리하는 데서 그치지 않고, 교직원 간 협업과 공동 관리가 가능한 도구라는 점에서 더 큰 의미가 있습니다. 이제 어떤 자료들을 작성하고 공유하면 좋은지 살펴보겠습니다.

- **비상연락망:** 유치원 및 학급별 교직원·학부모 연락처를 정리해 긴급 상황에 신속 대응 가능
- **안전 점검표:** 교실·놀이터·시설 점검 내역을 기록해 안전 관리 체계화
- **교직원 연수 현황:** 의무 연수 참여 여부 및 이수 상황을 한눈에 확인
- **예산 현황 및 지출 관리:** 월별·분기별 예산 집행 내역을 자동 합계 기능으로 효율적 관리

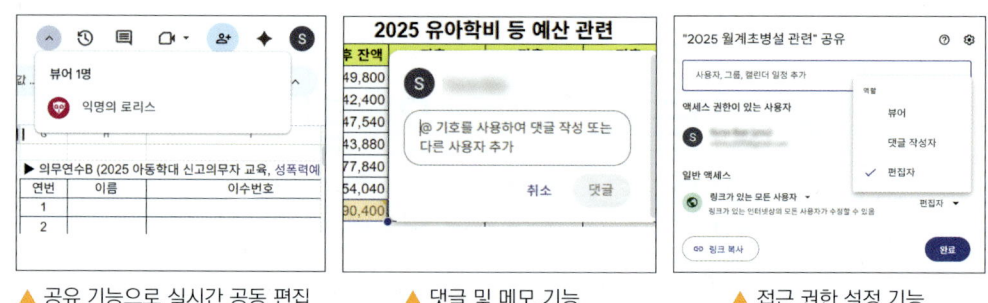

▲ 공유 기능으로 실시간 공동 편집　　▲ 댓글 및 메모 기능　　▲ 접근 권한 설정 기능

교직원 연수 이수 현황 작성하기

구글 시트는 누구나 쉽게 표를 만들고 데이터를 입력한 뒤 다른 사용자와 공유할 수 있다는 장점이 있습니다. 이번에는 교직원 연수 이수 현황을 관리하는 시트를 직접 작성하고 공유해 보면서 구글 시트의 편리함을 체험해 볼까요?

'Google Spreadsheets(구글 스프레드시트)' 접속하기

01 구글 검색창에 'Google Spreadsheets(구글 스프레드시트)'를 입력해 검색한 뒤, ❶[Google spreadsheets]를 클릭하면 해당 사이트에 이동할 수 있습니다.

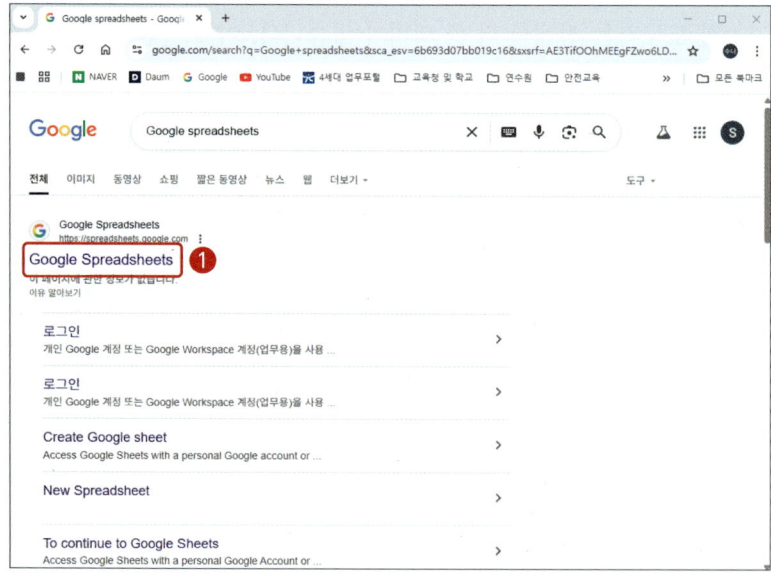

시트 생성하기

01 ❶[빈 스프레드시트]를 클릭하면, 데이터를 입력할 수 있는 새로운 시트가 생성됩니다.

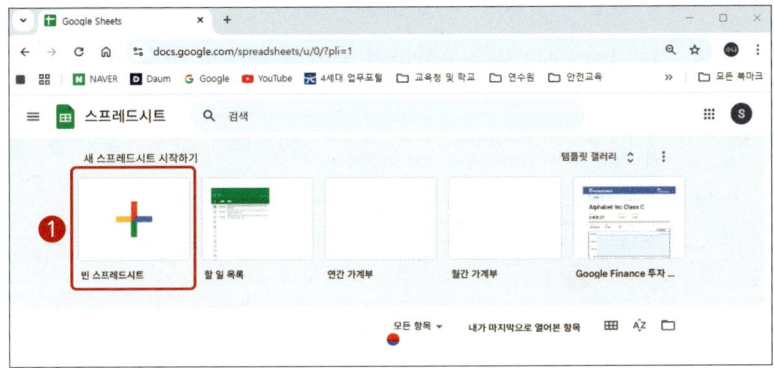

시트의 기본 정보 작성하기

01 화면 상단의 ❶[제목 없는 스프레드시트]를 클릭해 문서의 제목을 입력합니다. 이어서 시트명을 변경하려면 하단 좌측의 ❷[시트1]을 마우스 오른쪽 버튼으로 클릭한 뒤, ❸[이름 바꾸기]를 선택합니다. 이렇게 하면 시트명을 변경할 수 있어 여러 시트를 효율적으로 작성하고 관리할 수 있습니다.

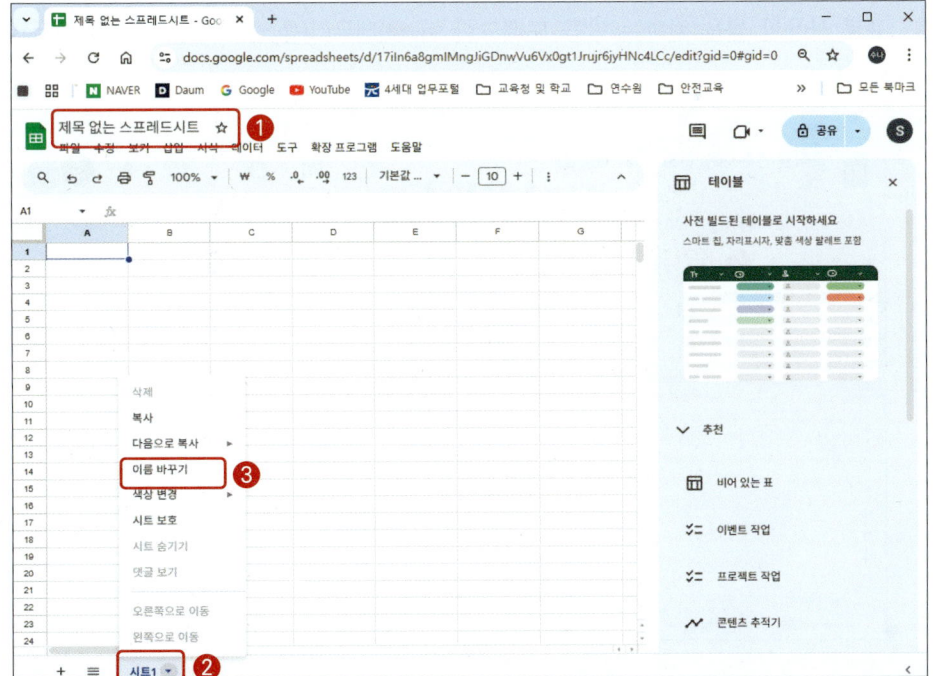

4장 _ 구글 활용법 교실을 넘어 더 넓은 세상으로 **143**

표 제목 입력하기

01 표 제목으로 사용할 셀을 원하는 만큼 드래그한 뒤 ❶[셀 병합]을 클릭합니다. 병합된 셀에는 표의 제목을 간단히 입력할 수 있습니다. 참고로 구글 시트의 데이터 입력 방법은 Excel과 동일하며, 기존 Excel 파일을 복사하여 붙여 넣을 수도 있습니다.

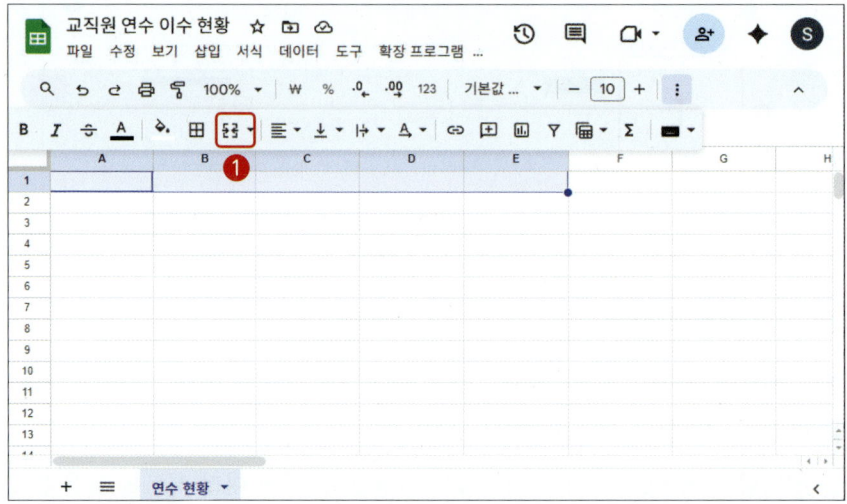

표 만들기 및 편집하기

01 표로 사용할 셀을 원하는 만큼 드래그한 뒤 ❶[테두리]를 클릭하면 다양한 테두리 옵션이 나타납니다.

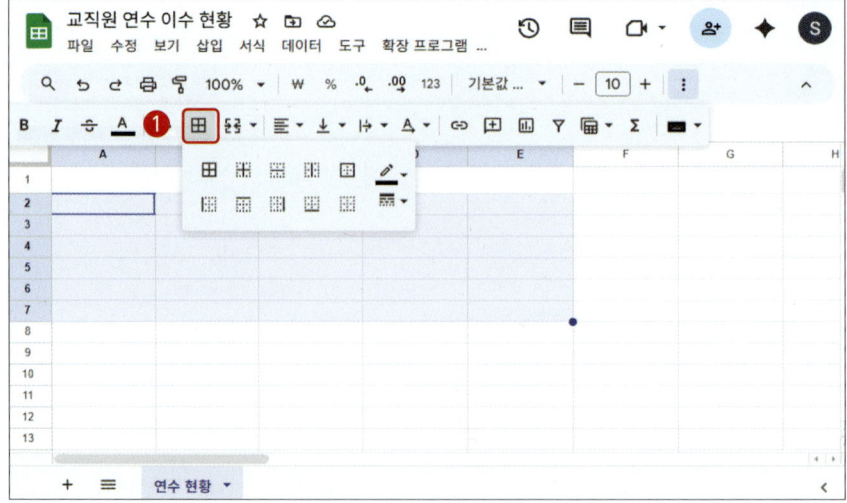

02 표 안에 필요한 내용을 입력한 뒤 ❶[셀 경계선]에 커서를 두고 드래그하면 표 칸의 크기를 조절할 수 있습니다. 또한 열 제목에는 ❷[채우기 색상] 기능을 활용해 배경색을 넣어 내용을 더욱 보기 쉽게 강조할 수 있습니다.

드롭다운 기능으로 이수증 제출 여부 설정하기

01 드롭다운을 설정할 ❶[셀]을 선택한 뒤 마우스 오른쪽 버튼을 클릭합니다. 메뉴에서 ❷[드롭다운]을 선택합니다. Ⓐ데이터 확인 규칙에서 '이수증 제출', '이수증 미제출'과 같은 원하는 옵션 값을 입력하고 ❸[완료]를 누릅니다.

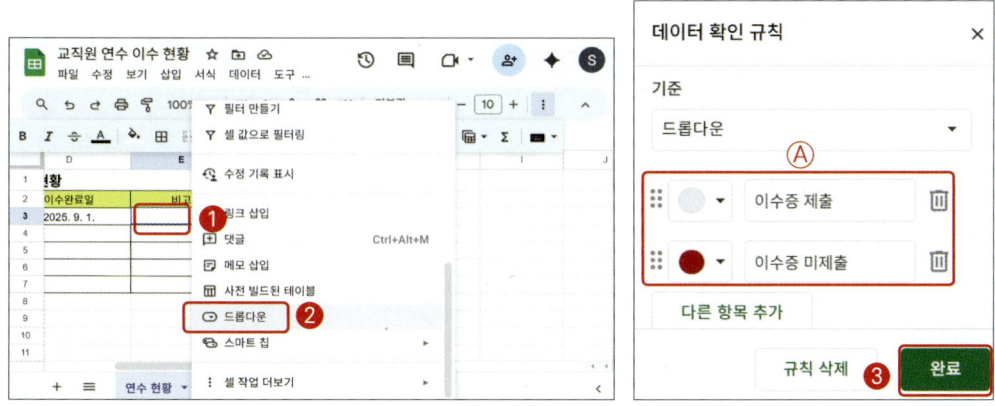

02 드롭기능이 설정된 셀의 ❶[▼]을 클릭합니다. 목록에서 ❷[원하는 값]을 선택하면, 해당 값이 셀에 표시됩니다.

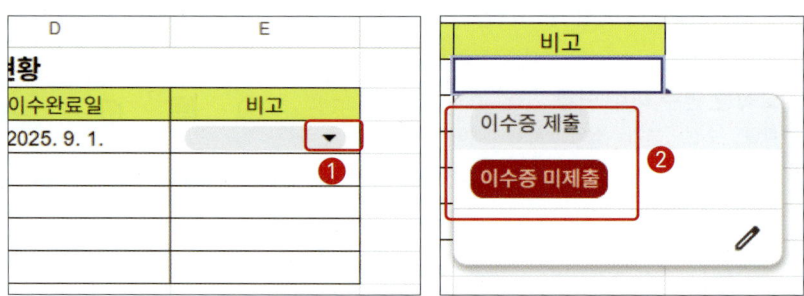

링크 공유하기

01 우측 상단의 ❶[공유] 버튼을 클릭하면, 기본적으로 접근 권한이 '나에게만' 제한되어 있는 걸 확인할 수 있습니다. 새로 열린 창 하단의 '일반 엑세스'에서 ❷[링크가 있는 모든 사용자]를 선택하여 권한을 변경합니다. 이후 오른쪽의 ❸[뷰어] 항목을 클릭하면, 다른 사용자가 문서를 활용할 수 있는 권한 수준을 설정할 수 있습니다. Ⓐ뷰어, 댓글 작성자, 편집자 중 원하는 역할을 선택, 완료한 뒤 공유하면 다른 사용자와 효과적으로 협업할 수 있습니다.

- **뷰어:** 문서를 읽기만 할 수 있음
- **댓글 작성자:** 문서를 읽고 댓글을 달 수 있음
- **편집자:** 문서를 읽고, 작성 및 수정, 삭제까지 가능함

02 하단의 ❶[링크 복사] 버튼을 클릭한 뒤 원하는 곳에 붙여 넣으면 손쉽게 링크를 공유할 수 있습니다.

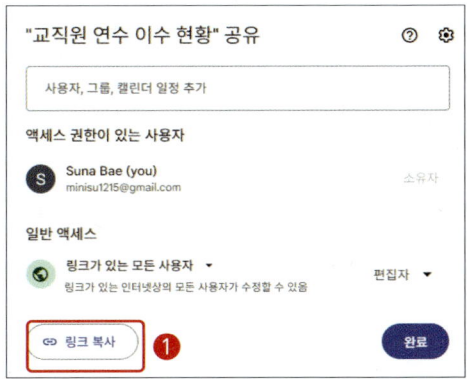

> **활용 꿀팁**
> - ✓ 기존 Excel 파일을 구글 시트에 복사해 붙여 넣을 경우, 파일에 포함된 수식은 함께 복사되지 않아요. 따라서 수식을 활용한 데이터를 입력한다면, 처음부터 구글 스프레드시트에서 직접 입력하여 작성하는 것을 추천해요.
> - ✓ 구글 시트를 여러 사람과 공유해 협업하다 보면, 필요한 경우 특정 데이터를 안전하게 보호해야 할 때가 있어요. 이럴 때는 보호할 셀이나 범위를 지정한 뒤, 상단 메뉴에서 [데이터]-[보호된 시트 및 범위]를 클릭해 보호 기능을 설정해 주세요. 이렇게 하면 공동 편집 과정에서도 중요한 데이터를 안전하게 지킬 수 있어요.
> - ✓ Chrome으로 접속해야 원활하게 사용할 수 있어요.
> - ✓ 공유한 시트는 링크를 가지고 있는 사용자만 접속할 수 있지만, 개인정보가 포함된 시트는 꼭 필요한 경우에만 공유해 주세요.

한 걸음 더 나아가기

01. 응급처치 정보를 신속하게 공유해요.

유아를 병원에 이송해야 하는 등 긴박한 상황에서는 학기 초 보호자가 작성해 제출한 응급처치 관련 정보가 무엇보다 중요합니다. 그러나 바쁜 순간에는 관련 서류를 빠르게 찾아보기 어려울 수 있고 현장학습을 나간 경우에는 매번 서류를 챙겨가기 힘들어 신속한 대응이 어려울 수 있습니다. 이럴 때 구글 시트에 해당 내용을 미리 입력해 두면, 언제 어디서든 빠르게 정보를 확인할 수 있어 보호자가 지정한 병원으로 신속하게 이송하거나 응급처치를 하는 데 큰 도움이 됩니다.

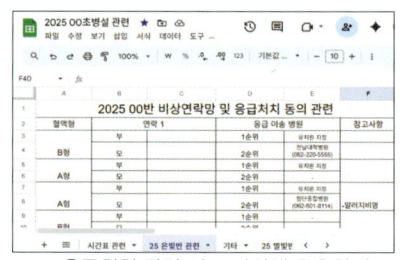
▲ 응급처치 관련 정보 작성해 공유하기

02. 구글 설문지(Google Forms)와 연동하여 결과를 손쉽게 정리해요.

구글 시트는 구글 설문지와 연동할 수 있어 설문 응답을 자동으로 수집하고 정리하는 데 유용합니다. 학부모 만족도 설문 등을 구글 설문지로 받아보면, 응답 내용이 실시간으로 시트에 정리됩니다. 교사는 일일이 설문지를 취합하고 정리할 필요 없이 자동 합계와 필터 기능을 활용해 손쉽게 분석할 수 있습니다. 또한 그래프나 차트로 시각화하면 학부모와의 소통이나 교직원 협의회 자료로도 바로 활용할 수 있어 업무 효율성을 크게 높일 수 있습니다.

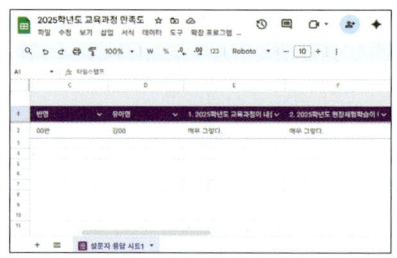
▲ 실시간 정리되는 설문 결과

03. 드롭다운 기능으로 기본생활습관 체크리스트를 만들어 활용해요.

유아의 기본생활습관은 발달 단계에서 중요한 관찰 항목입니다. 구글 시트에서는 이러한 내용을 체크리스트로 만들어 관리할 수 있습니다. 예를 들어 각 항목에 '스스로 함/약간 도움 필요/많은 도움 필요'와 같은 선택지를 '드롭다운' 메뉴로 지정해 두면, 교사가 클릭 한 번으로 간단하게 기록할 수 있습니다. 이렇게 누적된 자료는 유아 개인의 발달 과정을 한눈에 파악할 수 있게 하며, 학부모 상담이나 평가 자료로도 유용하게 활용할 수 있습니다.

▲ 기본생활습관 기록하기

04-4 구글 드라이브로 자료를 공유하고 보관하기

구글 드라이브는 클라우드 기반의 저장 공간으로 인터넷만 연결되어 있다면 언제 어디서든 필요한 파일에 접근하고 다른 사람들과 공유하며 함께 작업할 수 있는 도구입니다. 유아들 활동 사진, 동영상, 수업 계획안, 교구 제작 자료, 안내문 등 모든 형태의 디지털 자료를 안전하게 보관할 수 있습니다. 주제별, 월별, 행사별로 폴더를 만들어 체계적으로 정리하면 필요한 자료를 쉽고 빠르게 찾을 수 있습니다.

- **폴더를 활용한 체계적인 자료 분류:** 파일을 폴더와 하위 폴더로 구성하여 체계적으로 정리할 수 있습니다. 활동 자료, 유아들 활동 사진, 업무 문서 등 다양한 종류의 파일을 폴더별로 분류하여 보관합니다.
- **링크를 통한 간편한 자료 공유:** 특정 파일이나 폴더의 링크를 생성하여 자료를 공유합니다. 공유 대상을 일일이 지정하거나 첨부 파일로 전송할 필요 없이 생성된 링크를 통해 빠르고 쉽게 자료를 공유할 수 있습니다.
- **PC와 모바일을 넘나드는 자유로운 사용 환경:** PC, 개인 노트북, 스마트폰 등 사용하는 기기에 상관없이 동일한 자료에 접근하고 작업할 수 있습니다.
- **구글 워크스페이스와의 매끄러운 연동:** 구글 문서, 스프레드시트, 프레젠테이션 등과 긴밀하게 통합되어 있습니다. 구글 드라이브 내에서 문서를 직접 생성하고 편집할 수 있으며 여러 사용자가 동시에 실시간으로 협업하는 것이 가능합니다.

- **검색 기능:** 다양한 조건을 활용하여 원하는 파일을 빠르게 찾아줍니다. 파일명뿐만 아니라 내용, 소유자, 수정 날짜 등 복합적인 검색 조건으로 자료를 신속하게 탐색할 수 있습니다.

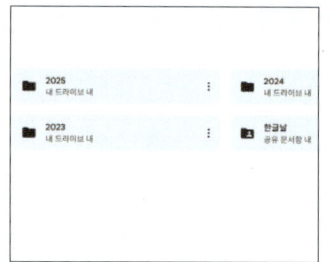
▲ 폴더 모음

▲ 링크를 통해 폴더 공유

▲ PC, 모바일 사용 가능

구글 드라이브 사용해보기

구글 드라이브 시작하기

01 Google계정으로 로그인합니다.

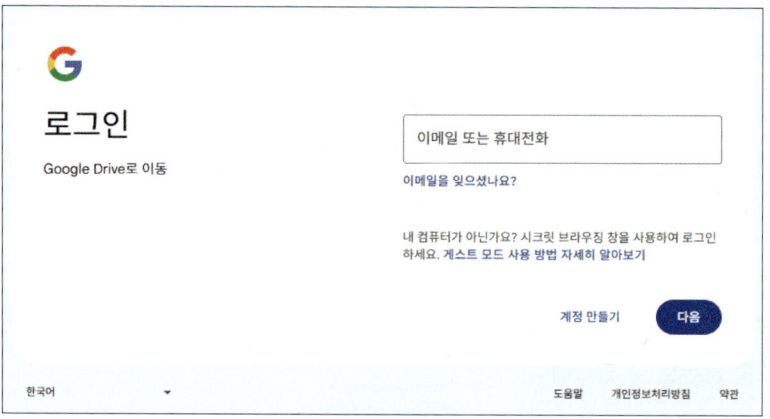
▲ 로그인 화면

파일 업로드 하기

01 ❶[+신규] 버튼을 클릭하면 업로드하거나 생성할 수 있는 파일의 종류가 나타나며 파일을 드라이브에 저장할 수 있습니다.

- Ⓐ **새폴더:** 드라이브 안에 파일을 분류하고 정리할 새로운 저장 공간을 만들 수 있습니다.
- Ⓑ **파일 업로드:** 컴퓨터나 기기에 있는 파일을 구글 드라이브로 옮겨 저장할 수 있습니다.
- Ⓒ **폴더 업로드:** 폴더 안에 있는 여러 파일을 한 번에 통째로 구글 드라이브에 저장할 수 있습니다.
- Ⓓ **Google 문서:** 웹 기반에서 문서를 작성하고 편집할 수 있는 워드 프로세서 기능을 제공합니다.
- Ⓔ **Google 스프레드시트:** 데이터 정리, 계산 및 분석에 유용한 표 형식의 문서를 만들 수 있습니다.
- Ⓕ **Google 프레젠테이션:** 발표 자료나 슬라이드를 제작하고 공유할 수 있는 도구입니다.
- Ⓖ **Google Vids:** AI를 활용해 동영상 제작부터 스크립트 작성, 편집까지 쉽고 빠르게 협업하며 만들 수 있는 구글의 새로운 영상 제작 도구입니다.
- Ⓗ **Google 설문지:** 다양한 형식의 설문지, 퀴즈 등을 손쉽게 만들고 응답을 수집하며 링크 등으로 편리하게 공유할 수 있는 온라인 도구입니다.

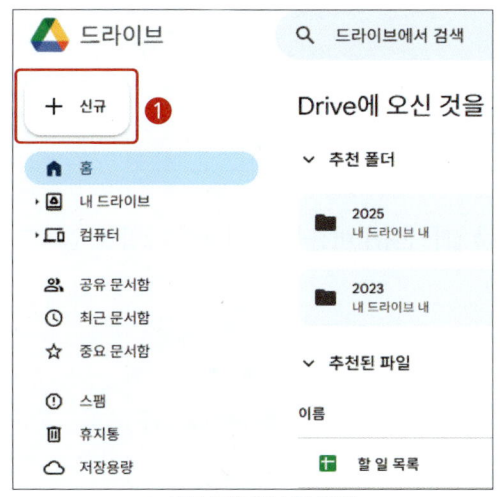
▲ 구글 드라이브 첫 화면

▲ 신규 기능

사진 저장하기

01 ❶[+신규] 버튼을 클릭합니다. ❷[새폴더]를 선택하여 폴더 이름을 작성하고 폴더를 생성합니다.

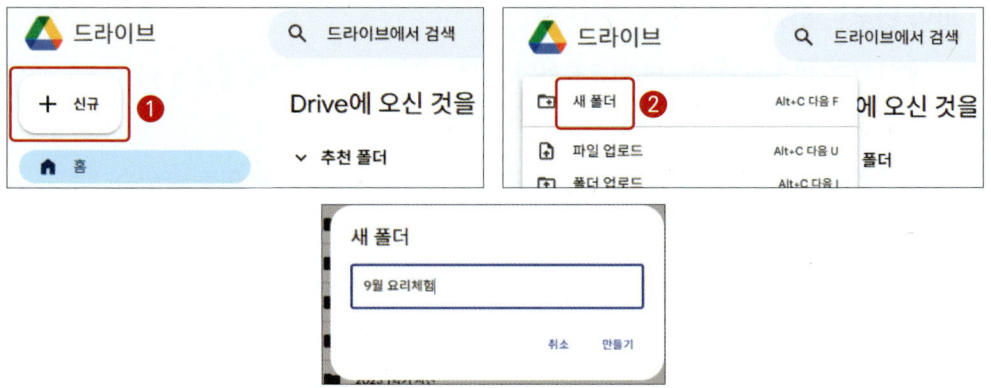

02 생성된 ❶[폴더]를 클릭합니다.

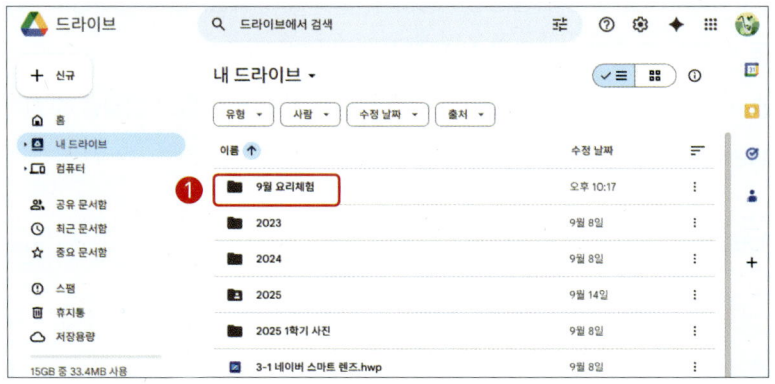

03 파일을 폴더 안으로 드래그 앤 드롭하거나 ❶[+신규] 버튼을 클릭하여 파일을 업로드합니다.

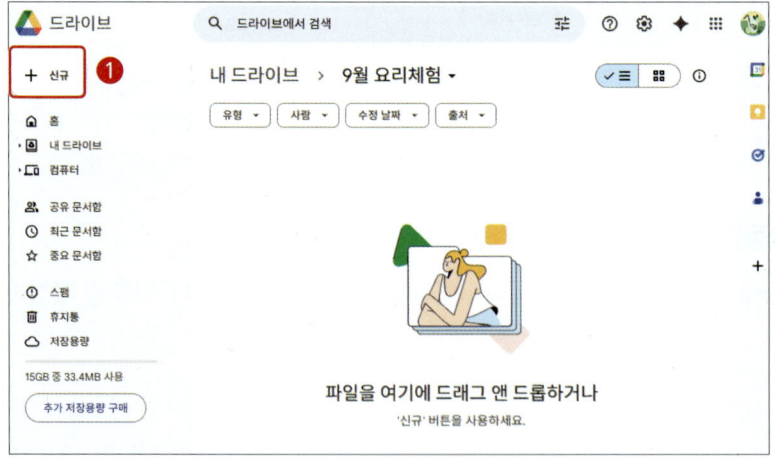

폴더를 다른 사람에게 링크로 공유하기

01 공유할 폴더의 오른쪽 ❶[:]를 클릭하고 ❷[공유]를 선택합니다.

Ⓐ **공유:** 공유 옵션을 조정할 수 있습니다.

Ⓑ **링크 복사:** 폴더에 접속할 수 있는 링크가 복사됩니다.

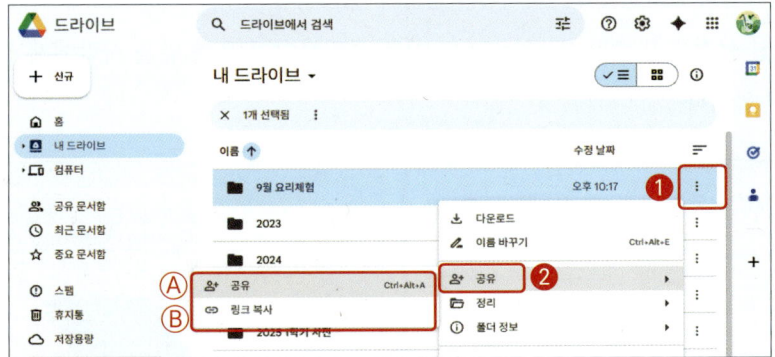

02 ❶[공유]를 클릭하여 공유 옵션을 설정합니다.

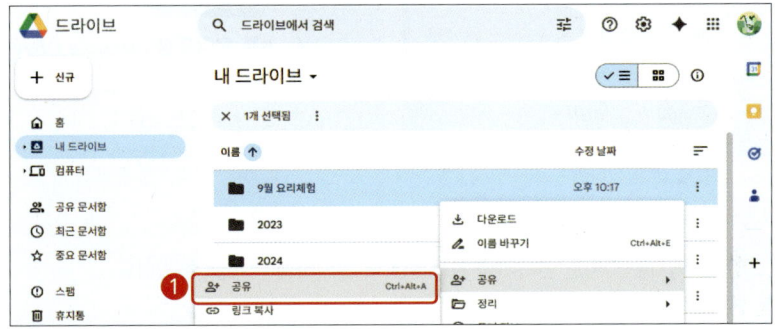

03 공유 옵션에서 ❶[제한됨]을 선택하여 ❷[링크가 있는 모든 사용자]로 변경합니다.

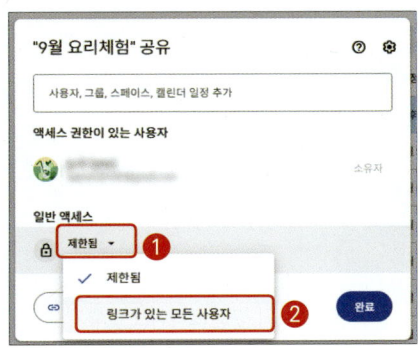

04 ❶[링크가 있는 모든 사용자]를 클릭하면 링크를 공유 받아 접속한 사람이 할 수 있는 활동의 범위를 선택할 수 있습니다.

Ⓐ **뷰어:** 폴더의 파일을 확인할 수 있습니다.

Ⓑ **댓글 작성자:** 폴더의 파일에 댓글을 작성할 수 있습니다.

Ⓒ **편집자:** 폴더에 파일을 추가하거나 수정할 수 있습니다.

공유 옵션 설정을 완료한 후 ❷[링크 복사]를 클릭하여 공유를 받을 사람에게 붙여넣기로 링크를 전송합니다.

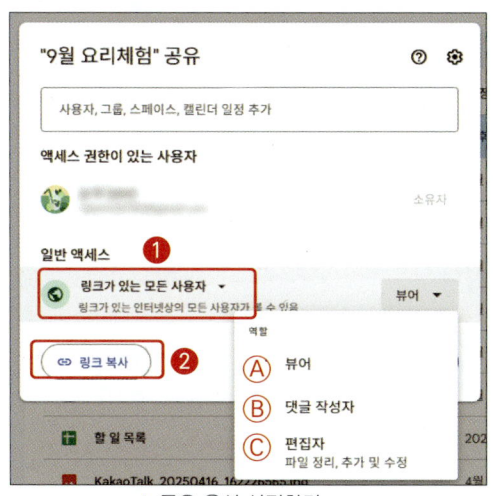

▲ 공유 옵션 설정하기 　　　　　　　　▲ 복사된 링크를 공유하기

 활용 꿀팁

✓ 구글 드라이브에서는 다양한 단축키를 활용하면 더 편리하게 이용할 수 있어요.
  - 이름 변경: 파일 및 폴더 선택 + D
  - 파일 공유: 파일 및 폴더 선택 + . (마침표)
  - 별표표시 / 별표표시 해제: 파일 및 폴더 선택 + S
  - 이 외에 궁금한 단축기가 있다면 Ctrl + / (슬래시)로 확인할 수 있어요.

▲ [Ctrl + /] 구글 드라이브 단축기 목록

한 걸음 더 나아가기

01. 폴더의 색을 변경하여 찾기 쉽게 정리해요

구글 드라이브에서 폴더에 색을 부여하여 분류하는 것은 중요도, 상태, 프로젝트별로 자료를 즉각적으로 알아볼 수 있으므로 파일을 찾는 데 낭비되는 시간을 최소화하고 업무 집중도를 향상시킵니다.

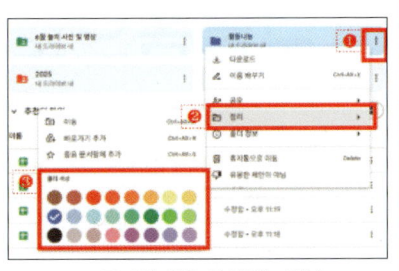
▲ 폴더에 색을 부여하는 방법

02. 유아들의 모습을 학부모와 공유해요

구글 드라이브는 대용량 파일도 손쉽게 업로드하고 공유할 수 있어서 유아들의 생생한 모습을 원본 그대로 학부모님께 전달할 수 있습니다. 또한 학부모님들께 공유된 링크만 있다면 스마트폰이든 컴퓨터든 언제 어디서든 접속해서 다운받을 수 있습니다. 이때 원본 자료를 훼손하지 않도록 '뷰어' 권한만 부여하여 안전하게 관리하는 것이 좋습니다.

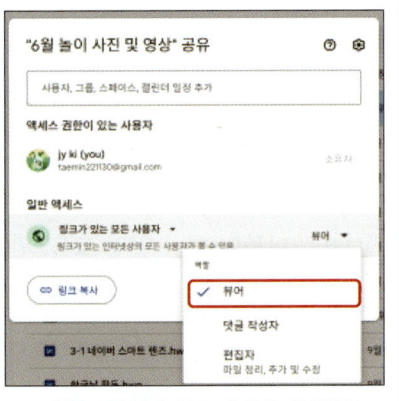
▲ 학부모와 폴더 공유 시 공유 옵션에서 '뷰어' 설정

03. 교사들과 활동 자료를 공유해요

교사들끼리 함께 사용할 수 있는 공유 폴더를 만들어 두면 각자 가지고 있는 활동 자료들을 공유할 수 있습니다. 환경구성이나 놀이 자료 도안, 그림책 추천 목록 등 교육 자료 등을 연령별, 주제별로 정리할 수도 있습니다. 구글 스프레드시트, 구글 독스, 구글 슬라이드 등을 공유하여 업무 관련 내용을 서로 공유하고 데이터를 쌓아나갈 수 있습니다.

▲ 활동 나눔을 위한 폴더 공유

04-5 구글폼으로 설문과 의견 수렴하기

유치원에서는 학부모와의 원활한 소통이 교육 활동의 질을 높이는 중요한 요소가 됩니다. 구글폼을 활용한 설문은 학부모의 의견과 피드백을 신속하고 정확하게 파악할 수 있도록 도와줍니다. 학부모는 모바일이나 PC로 언제든지 설문에 참여할 수 있어 접근성이 좋고, 교사는 응답 결과를 자동으로 정리된 차트와 표로 확인할 수 있어 효율적인 의사결정이 가능합니다. 더불어 행사 일정 조율, 만족도 조사, 가정 연계 활동 아이디어 수집 등 다양한 상황에 활용할 수 있어 가정과의 협력을 더욱 강화할 수 있습니다.

구글폼의 유용한 기능으로는 응답 수집, 자동 통계, 응답 설정이 있습니다. 이 기능들을 활용하면 설문, 행사 신청, 의견 조사 등을 간편하게 진행할 수 있습니다.

- **응답 수집**: 학부모가 입력한 답변이 자동으로 저장되고, 제출 시간순으로 정리됩니다. 가정통신문 회신이나 행사 참여 신청을 수월하게 관리할 수 있습니다.
- **자동 통계**: 누적된 응답은 표와 그래프로 자동 변환됩니다. 설문의 결과를 시각화하여 한눈에 파악하고, 효율적인 의사결정에 도움이 됩니다.
- **응답 설정**: 꼭 필요한 질문(예: 유아 이름, 연락처 등)은 반드시 작성하도록 설정할 수 있어 누락 없이 응답을 받을 수 있습니다. 또한 응답 횟수 제한으로 한 계정당 한 번만 응답하도록 설정할 수 있어 설문에 중복 참여하는 것을 방지할 수 있습니다.

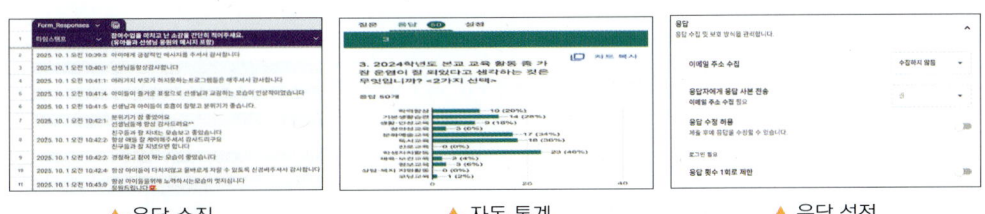

▲ 응답 수집　　　　　▲ 자동 통계　　　　　▲ 응답 설정

구글폼으로 설문지 만들기

　구글폼은 누구나 빠르게 설문지나 신청서를 만들 수 있는 편리한 도구입니다. 질문 유형을 선택하여 설문지를 만들 수 있으며, 응답은 자동으로 정리되어 표나 그래프로 분석하기 편리합니다. 유치원 행사 신청, 학부모 의견 조사 등 필요에 따라 다양하게 활용할 수 있습니다. 단계별 과정을 따라 하면서 구글폼을 직접 만들어보겠습니다.

구글 접속 및 로그인하기

01 PC에서 구글(Google)에 접속하여 ❶[로그인]합니다.

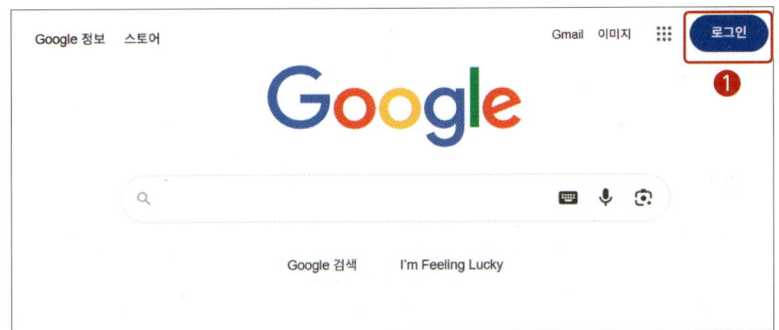

▲구글 홈페이지 화면

4장 _ 구글 활용법 교실을 넘어 더 넓은 세상으로

구글 폼 들어가기

01 홈 화면 오른쪽 상단에 있는 ❶[Google 앱]에서 ❷[Forms]를 클릭합니다.

양식 선택하기

01 기본적으로 제공되는 설문지 양식을 선택할 수 있습니다. 만들고자 하는 설문지 양식이 없는 경우 ❶[빈 양식]을 클릭합니다.

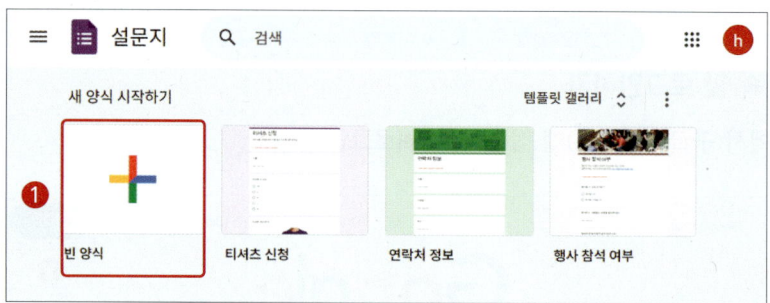

설문지 제목 및 설명 작성하기

01 만들고자 하는 설문지의 제목을 작성합니다. ❶[제목 없는 설문지]를 클릭하면 제목을 수정할 수 있습니다. 수정된 제목은 Ⓐ최근 설문지에 저장되는 이름입니다. 설문에 참여하는 타인에게는 보이지 않습니다.

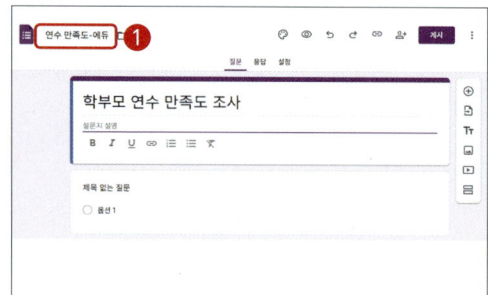 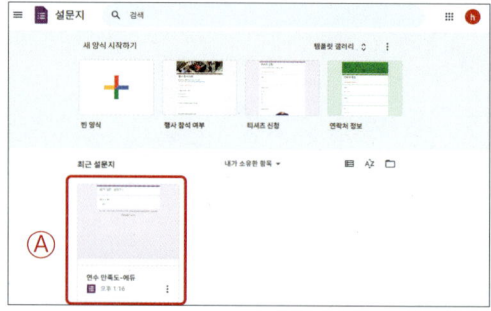

02 ❶[학부모 연수 만족도 조사]는 설문지를 열람한 모두에게 보입니다. ❷[설문지 설명]에 인사말, 설문의 목적, 설문 기간 등 안내 사항을 작성합니다.

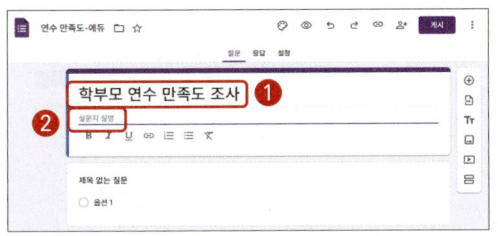

설문 유형 선택하기

01 ❶[설문 문항 박스]를 클릭하여 편집 기능을 활성화합니다. ❷[질문 유형]을 클릭하여 자료를 수합하기에 적절한 설문 유형을 선택합니다. 설문 유형으로는 객관식, 단답형, 장문형, 체크박스가 있습니다.

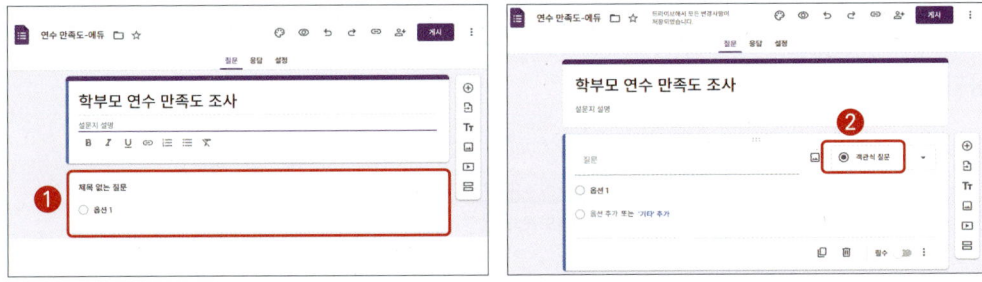

객관식 문항 만들기

01 객관식 문항은 응답자가 한 개의 답변을 선택할 수 있습니다. ❶[객관식 질문]를 선택합니다. ❷[질문]에 문항 내용을 작성합니다. ❸[옵션1]을 클릭하여 객관식 답변을 입력합니다. 아래의 옵션 추가를 선택하여 원하는 만큼 객관식 답변을 만들 수 있습니다.

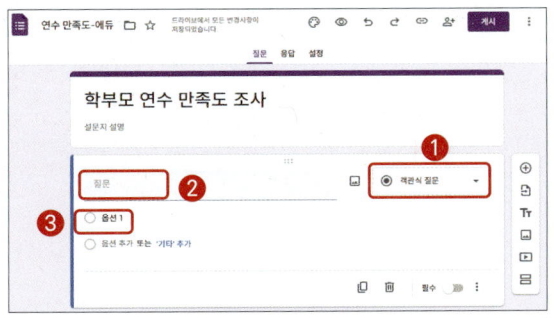

체크박스 문항 만들기

01 체크박스 문항은 응답자가 복수 선택을 할 수 있습니다. ❶[체크박스]를 선택합니다. ❷[질문]에 문항 내용을 작성합니다.

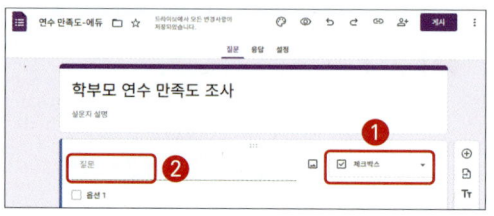

02 ❶[옵션1]을 클릭하여 답변을 입력합니다. 아래의 옵션 추가를 선택하여 원하는 만큼 답변을 만들 수 있습니다. 다음으로 최대 응답과 최소 응답을 설정하겠습니다. 최소 응답은 응답자가 최소한 몇 개의 답을 선택해야 하는 조건이며, 최대 응답은 응답자가 최대 몇 개까지만 선택할 수 있는지를 제한하는 조건입니다. 하단의 ❷[:]을 클릭합니다. ❸[응답 확인]을 선택합니다. Ⓐ최소, 최대 응답을 선택하는 창이 나타납니다. 최소, 최대 응답을 선택 후 제한하고자 하는 응답의 ❹[수]를 입력합니다.

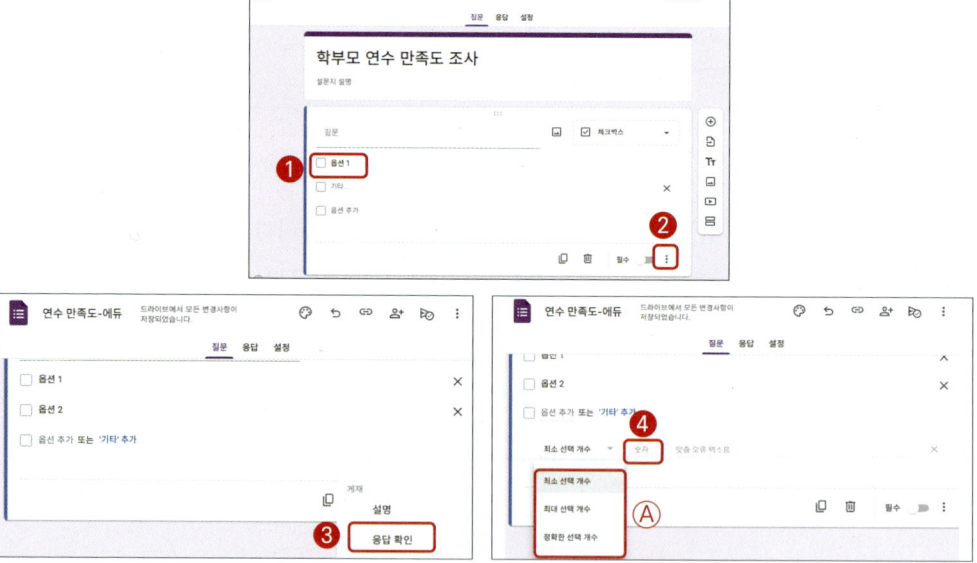

질문 추가하기

01 설문 문항을 추가할 경우 왼쪽 옆 도구 상자의 ❶[+]를 클릭합니다. 추가하고자 하는 문항 유형이 이전 문항과 같을 경우 ❷[질문 복사]를 클릭하여 수정할 수 있습니다.

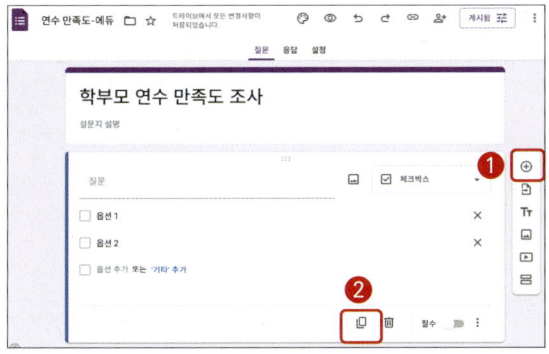

섹션 나누기

01 섹션 나누기로 응답자의 답변에 따라 관련 문항으로 이동하도록 설정할 수 있습니다. 예를 들어 응답자가 '예'를 선택하는 경우 5번 문항으로 바로 이동 가능합니다. ❶[섹션 나누기]를 선택합니다. Ⓐ섹션이 분리되어 2중 2 섹션이 만들어진 것을 확인할 수 있습니다.

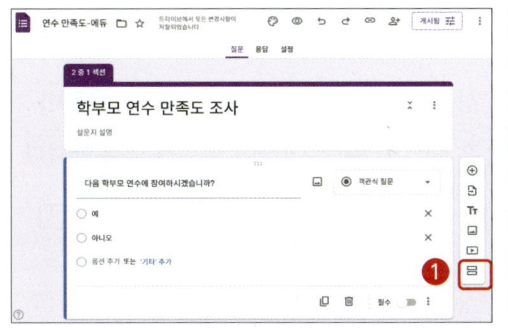 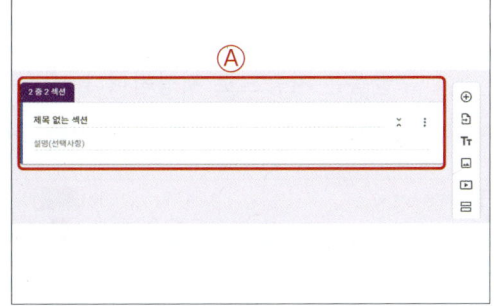

02 2중 2 섹션에서 ❶[질문 추가]를 클릭하여 질문을 만듭니다.

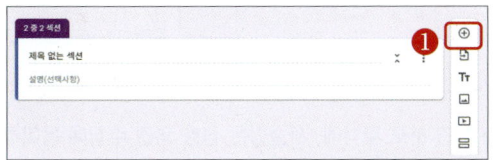

03 질문을 만든 이후 ❶[2중 1섹션]의 질문으로 돌아가 문항을 편집합니다. 문항 하단의 ❷[:]를 클릭한 후 ❸[답변을 기준으로 섹션 이동]을 선택합니다. 답변 옆 ❹[다음 섹션으로 진행하기]를 클릭하여 미리 만들어 둔 ❺[2섹션]을 선택합니다.

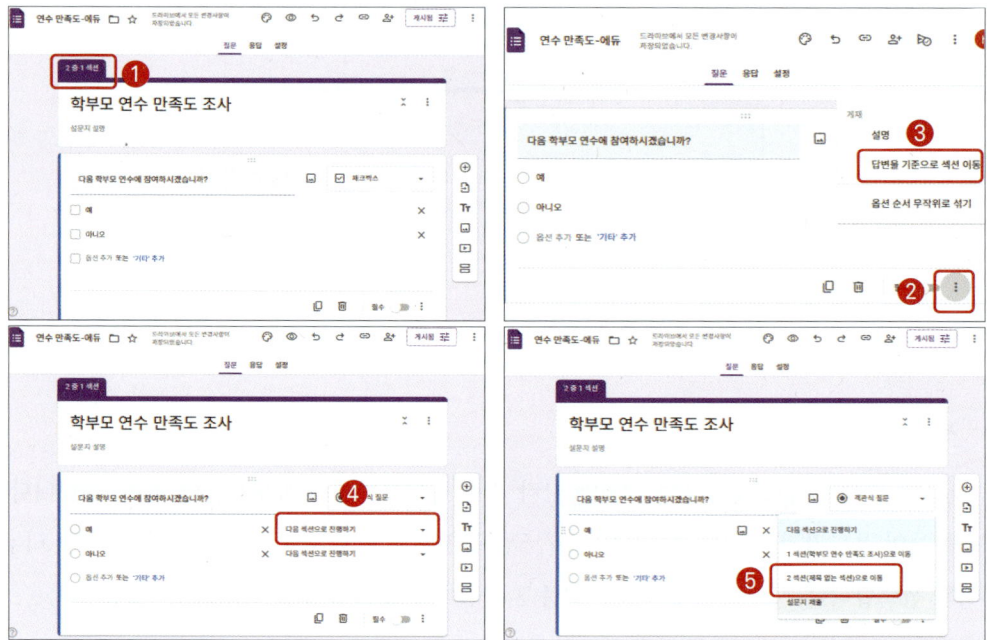

저장 및 공유하기

01 구글폼은 자동으로 저장됩니다. 오른쪽 상단의 ❶[게시]를 클릭합니다. Ⓐ설문이 게시된 것을 확인할 수 있습니다. ❷[공유]를 클릭 후 링크를 ❸[복사]하여 설문을 공유합니다.

> 📢 **활용 꿀팁**
> ✓ 객관식과 체크박스는 의견 분포 파악에, 서술형은 심층 의견 수집에 용이해요.
> ✓ 꼭 필요한 질문은 필수응답으로 설정하여 응답 누락을 방지할 수 있습니다. 또한 중복 응답 제한으로 한 사람당 한 번만 응답하도록 설정 가능해요.
> ✓ 구글 시트와 연동하면 데이터가 실시간으로 업데이트되며, 여러 교사가 동시에 열람하고 편집할 수 있어요.

한 걸음 더 나아가기

01. 연수 및 유치원 교육 활동에 관한 만족도 조사

학부모 참여 수업과 행사 후 학부모 만족도를 조사하는 것은 운영의 강점과 보완점을 파악하여 앞으로의 교육 활동을 수립하고 계획하기 위하여 중요합니다. 구글 폼을 활용하여 만족도 설문을 할 경우, 자동 통계 차트로 응답이 정리되어 설문 결과를 빠르게 분석하고 피드백 자료로 활용하기 편리합니다. 또한 응답 내용이 오래도록 남아 보관되기 때문에 분실 위험이 없고, 필요할 때마다 손쉽게 확인할 수 있습니다.

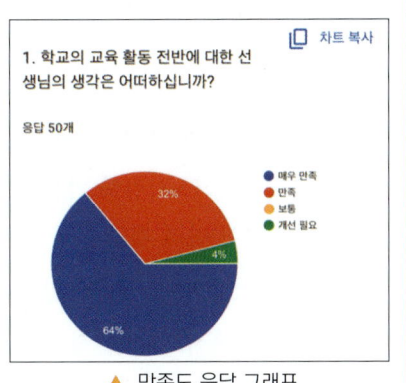

▲ 만족도 응답 그래프

02. 학부모 수요 조사

행사 참여 여부, 단체복 선택, 특성화 프로그램 신청 등 수요를 파악하는데 용이합니다. 구글 폼을 활용하여 사전에 수요를 조사하면 운영 준비 과정에서 불필요한 혼선을 줄이고, 실제 필요에 맞춘 계획을 수립할 수 있습니다.

▲ 운동회 참석 여부 설문

03. 유치원 운영에 관한 의견 수렴

구글 폼은 실명과 익명 응답을 설정할 수 있어 특정인의 의견에 편중되지 않고, 교육공동체 전체의 다양한 의견을 수렴할 수 있습니다. 이는 개인의 부담 없이 솔직한 의견을 제출할 수 있어 협력적이고 민주적인 회의를 가능하게 합니다. 또한 구글 폼으로 회의 전 설문으로 의견을 모으면 회의 시간을 효율적으로 활용할 수 있습니다.

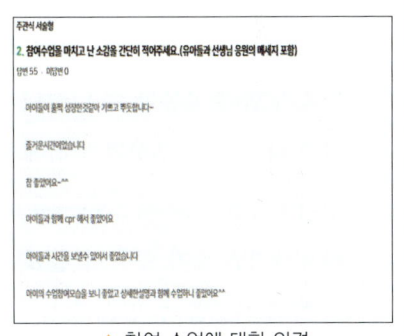

▲ 참여 수업에 대한 의견

미니특강 구글 계정에 대한 Q&A

Q1 한 사람이 만들 수 있는 구글 계정은 몇 개인가요?

A 구글 계정은 한 사람당 기본적으로 무제한으로 만들 수 있습니다.
즉, 한 명이 여러 개의 구글 계정을 생성할 수 있지만 각 계정마다 개인정보와 관련된 사항을 정확히 관리해야 합니다. 또한 특정 계정을 너무 많이 만들거나 비정상적인 행동을 지속적으로 할 경우, 구글 측에서 계정을 제한하거나 정지시킬 수 있으니 정상적인 용도로 사용하는 것이 중요합니다.

Q2 한 사람이 여러 계정 중 한 개의 계정에서 유료서비스를 구입했다면 그 사람이 만든 모든 계정에서 서비스를 받을 수 있나요?

A 구글의 유료 서비스는 기본적으로 계정별로 제공되기 때문에, 한 계정에서 유료 서비스를 구매했다고 해서 다른 계정에서 자동으로 그 혜택을 받을 수는 없습니다. 즉, 각 계정은 독립적으로 운영되며, 구매한 계정에만 해당 서비스가 적용됩니다.(**예** 구글 드라이브, Google One 같은 유료 서비스는 구매한 계정에서만 용량이 증가함)

하지만, 예외적인 경우로 가족 공유 기능을 통해 여러 계정이 같은 서비스를 사용할 수 있게 해줍니다. 예를 들어, Google One이나 YouTube Premium은 최대 5명의 가족과 함께 공유할 수 있습니다. 이 경우, 구매한 계정에서 가족 공유 설정을 활성화하면 다른 가족 구성원 계정에서 해당 서비스를 사용할 수 있습니다.

정리하자면, 기본적으로는 유료 서비스는 구매한 계정에만 적용되며, 다른 계정에서 사용하려면 추가 구독이 필요합니다. 다만, 가족 공유 기능을 활용하면 여러 계정에서 함께 사용할 수 있습니다.

Q3 구글 계정을 사용하면서 편리하게 사용할 수 있는 팁이 있을까요?

A1 Google 계정 간 빠른 전환기능이 있습니다. 여러 개의 구글 계정을 사용 중이라면, 계정 전환을 브라우저에서 빠르게 할 수 있습니다.

우측 상단 프로필 사진 클릭 → 다른 계정 추가 후 클릭 한 번으로 계정 전환이 가능하며, 크롬 사용자라면 크롬 프로필을 계정별로 나눠서 사용하는 것이 더 효율적입니다.

A2 Google 계정 복구 정보 등록을 미리 해 두면 혹시 모를 비밀번호 분실이나 해킹에 대비할 수 있습니다. 즉, 복구 이메일, 복구 전화번호를 꼭 등록해 두는 것이 필요합니다.

Q4 한 사람이 갖고 있는 수많은 계정들이 갖고 있는 각 각의 유료서비스들을 한 번에 볼 수 있는 방법이 있나요?

A 한 사람이 소유한 여러 Google 계정의 유료 서비스 내역을 한 번에 통합해서 확인하는 공식적인 방법은 없습니다. 구글은 각 계정을 독립된 사용자 단위로 보기 때문에, 유료 서비스(구독, 결제, 저장공간 등) 역시 계정별로만 관리 및 확인할 수 있습니다. 하지만 수동적인 방법 중 하나를 추천하자면 스프레드시트나 메모 앱에 정리해두면 전체 계정 및 구독 현황을 파악하는 데 실질적인 도움이 됩니다

계정 이메일	구독 서비스	시작일	갱신일	월 요금	비고
myname@gmail.com ↗	Google One 100GB	2024-05-10	매월 10일	₩2,400	가족 공유 중
mywork@gmail.com ↗	YouTube Premium	2024-01-01	매월 1일	₩11,900	혼자 사용
mysub@gmail.com ↗	Google Play 앱	2025-03-15	매월 15일	₩3,300	앱 정기 구독

5

태블릿 활용법
교실에서 즐기는 다양한 디지털 놀이

태블릿이란?

"태블릿은 놀이 속에서 유아의 호기심과 탐구심을
자연스럽게 자극하는 디지털 학습 도구"

유아들은 한글놀이, 신체놀이, 미술놀이, 책놀이 등 다양한 태블릿 기반 놀이에 게임처럼 즐겁게 참여하면서 그 안에 내재된 놀이 배움 요소도 자연스럽게 경험할 수 있습니다. 이러한 디지털 놀이는 창의력, 문제 해결력, 협력 능력 등 다양한 역량을 유아가 함양할 수 있는 기회를 제공합니다.

이 장에서는 태블릿을 활용한 다양한 놀이 방법과 실제 수업 적용 사례를 살펴보고, 교사가 교실에서 디지털 놀이를 안전하고 효율적으로 운영하면서 유아의 참여와 학습 효과를 극대화할 수 있는 방법을 안내합니다.

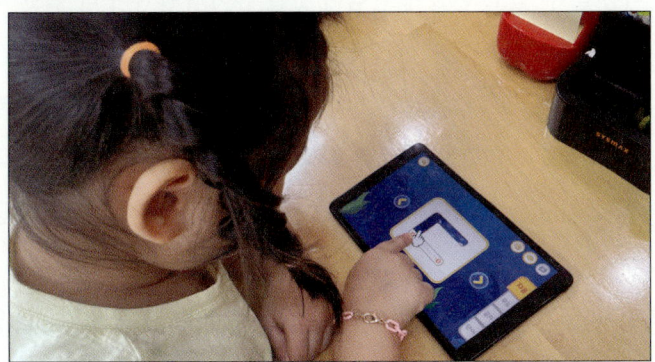

▲ 유아가 태블릿을 활용해 놀이하는 모습

05-1 바닷속 한글놀이를 활용한 한글놀이

바닷속 한글놀이 모바일 앱은 한글을 게임처럼 재미있게 배울 수 있도록 구성된 교육용 앱입니다. 한글 써보기, 자모음 맞추기, 글자 맞추기, 문장 완성하기, 수수께끼, 카드게임, 색칠공부 등 유아 개개인의 한글 학습 수준에 맞춘 프로그램을 선택하여 유아들이 흥미를 잃지 않고 놀이하듯 즐겁게 한글을 익힐 수 있도록 구성된 프로그램입니다. 재미있는 게임 형식 단어 퀴즈를 풀고, 자기 본인의 랭킹을 확인하며 친구들과 선의의 경쟁도 할 수 있습니다. 또한 무료로 이용할 수 있고 한글에 관심이 있는 유아라면 누구나 쉽고 재미있게 시작할 수 있도록 만들어졌습니다.

- **자음과 모음 익히기:** 한글 쓰기, 낱말 카드, 글자 선택 등의 활동은 유아들이 한글의 기본인 자음과 모음을 정확하게 인식하고 익히는 데 도움을 줍니다.
- **글자 익히기:** 글자 찾기, 낱말카드, 낱말 찾기 등의 활동은 글자(음절)의 모양과 소리를 익히도록 합니다.
- **단어, 문장 익히기:** 글자 쓰기, 단어 퀴즈, 문장 퀴즈, 문장 놀이 등의 활동은 단어의 의미와 활용을 이해하고 자연스럽게 문장의 순서를 익힐 수 있도록 도움을 줍니다.

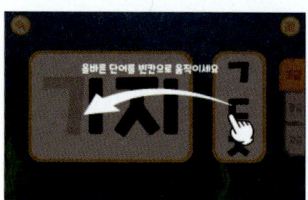
▲ 자음과 모음 익히기

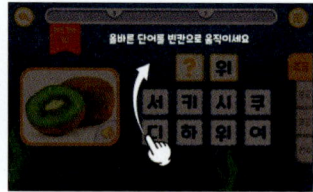
▲ 글자 익히기

▲ 단어, 문장 익히기

바닷속 한글놀이 앱으로 한글 쓰기 연습하기

01 메인화면에서 ❶[한글쓰기]를 터치합니다. ❷[오른쪽 탭]의 자음, 모음, 글자, 단어 중에서 선택하여 연습할 한글을 선택합니다. 글자 속에 보이는 숫자의 순서대로 드래그하여 글자를 채웁니다.

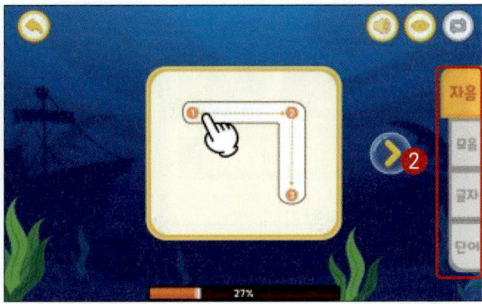

한글쓰기 외의 바닷속 한글놀이의 활동은 다음과 같습니다.
- **낱말카드**: 낱말의 사진과 글자를 보며 낱말의 음성을 들을 수 있습니다.
- **그림찾기**: 주어진 단어를 보거나 듣고 알맞은 그림을 고릅니다.
- **낱말찾기**: 사진을 보고 알맞은 낱말을 고릅니다.
- **글자선택**: 주어진 낱말에서 빠진 글자를 선택하여 드래그합니다.
- **글자찾기**: 주어진 사진의 낱말을 음절 단위로 맞춥니다.
- **글자쓰기**: 주어진 낱말을 따라서 쓸 수 있습니다.
- **카드게임**: 처음에 모든 카드의 앞면을 보여주며 카드가 뒤집어지면 그 중에 두 장을 골라 같은 그림을 맞추는 메모리 게임입니다.
- **퍼즐놀이**: 초급, 중급, 고급에 따라 퍼즐의 개수가 달라지며 두 개의 조각을 클릭하면 자리가 바뀌는 형식의 퍼즐입니다.
- **문법퀴즈**: 주어진 문장에서 알맞은 조사를 고릅니다.
- **문장놀이**: 주어진 문장을 순서대로 옮겨 어순에 맞게 배치합니다.
- **대화찾기**: 주어진 문장을 듣고 대답을 읽거나 음성으로 확인하여 적절한 대답을 선택합니다.
- **3단퀴즈**: 3단계의 힌트를 듣거나 읽고 알맞은 단어를 선택합니다.
- **알쏭달쏭**: 수수께끼를 듣고, 옳고 그름을 선택합니다.
- **안전교육**: 안전사고예방 교육을 위한 영상을 선택하여 감상합니다.
- **색칠놀이**: 마음에 드는 그림을 골라 색칠합니다.

> **활용 꿀팁**
> ✓ 태블릿을 터치할 때 태블릿의 터치펜이 너무 얇은 경우에는 어린이용 터치펜을 구입하면 유아의 손에 적절한 굵기의 터치펜으로 연필을 잡고 쓰듯이 연습할 수 있어요.
>
>
> ▲ 어린이용 터치펜

한 걸음 더 나아가기

01. 친구에게 퀴즈 내기
바닷속 한글놀이에 나왔던 퀴즈들을 프린트하여 실물자료로 제공해주면 서로에게 문제를 낼 수 있는 놀이로도 활용할 수 있습니다. 문제를 내고 답을 말하며 설명을 듣는 과정은 유아의 언어 표현력과 경청 능력을 동시에 증진시킵니다. 친구와의 상호작용 속에서 궁금증을 해결하고 정답을 맞추는 경험은 한글 학습에 대한 긍정적인 태도를 형성할 수 있습니다.

▲ 실물 카드로 놀이하기

02. 안전교육 영상 보기
바닷속 한글놀이 앱은 한글 학습 콘텐츠와 함께 안전교육 동영상을 제공합니다. 영상을 통해 위험 상황을 쉽게 이해하고 대처 방법을 자연스럽게 익힐 수 있습니다.

▲ 안전교육

03. 색칠놀이
한글에 대한 흥미가 아직 적은 유아들도 '색칠놀이' 기능을 활용하면 즐겁게 앱과 친해질 수 있습니다. 색칠하며 앱에 대한 긍정적인 인식을 형성하고 한글 콘텐츠에 자연스럽게 노출되면서 친근감을 느끼게 됩니다.

▲ 색칠놀이

05-2 온몸으로 즐기는 액티브 아케이드

액티브 아케이드는 모바일 신체 활동 게임입니다. 휴대폰이나 태블릿을 활용하여 남녀노소 누구나 화면 속 다양한 상황에 맞춰 팔, 다리, 몸통을 움직이며 미션을 수행할 수 있습니다. 앱 내의 언어는 영어만 지원되지만 몇 번만 플레이해 보면 유아들도 쉽게 게임의 흐름을 이해하고 따라 할 수 있는 활동입니다.

- **몰입도 높은 신체 활동**: 이 앱은 아이들이 화면과 상호작용하며 자연스럽게 신체 활동을 하도록 유도합니다. 마치 게임 속으로 들어간 것처럼 이리저리 움직이며 게임을 진행하기 때문에 아이들의 대근육 발달과 순발력 향상에도 도움을 줍니다.
- **iOS 전용**: 현재 액티브 아케이드는 iOS를 사용하는 아이폰이나 아이패드에서만 이용이 가능합니다.
- **소중한 순간 기록 및 공유**: 게임이 끝난 후에는 플레이했던 영상을 저장하고 공유하는 기능을 지원합니다. 유아들이 즐겁게 몸을 움직여 게임하는 모습을 친구들이나 가족들과 공유할 수 있습니다.

▲ 몰입도 높은 신체활동

▲ iOS 전용 앱

▲ 게임 기록 및 공유

액티브 아케이드로 즐기는 신체 놀이

액티브 아케이드 시작하기

01 플레이 스토어에서 액티브아케이드(Active Arcade)를 검색하여 다운로드합니다.

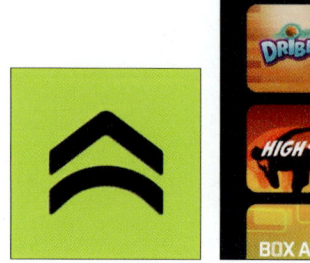
▲ 앱 아이콘

▲ 메인 화면

02 게임의 메인 화면 오른쪽 하단에 있는 ❶[?]를 클릭합니다. 게임 방법 설명 영상이 재생됩니다.

03 게임방법 설명 화면에서 ❶[▶]를 터치하면 1인용 게임이 시작됩니다. 게임방법 설명 화면에서 ❷[X]를 터치하면 다시 시작화면으로 돌아가 1인용 혹은 2인용을 선택할 수 있습니다.

04 플레이어는 화면의 신체 모양에 따라 동작을 한 후 화면의 인체 모양 그림자와 신체의 위치가 비슷해지도록 조절합니다. 화면에서 노란색 선이 보이면 인식이 완료되며 게임이 시작됩니다.

▲ 신체 인식 전　　　　　　　　　　▲ 신체 인식 후

액티브 아케이드 마무리하기

01 게임이 종료되면 영상 저장 및 공유 화면이 나타납니다. ❶[Download]를 클릭하면 활동했던 영상이 기기의 갤러리에 저장됩니다. 이때 현장음은 저장되지 않고 게임의 배경음악과 효과음만 저장됩니다.

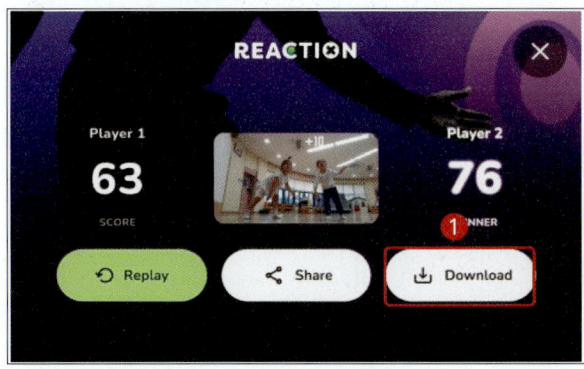

▲ 게임 종료 시 화면

> **활용 꿀팁**
> - 태블릿 게임을 실행하면서 텔레비전으로 화면 미러링을 함께 사용하면 기기의 성능에 따라 게임의 반응 속도가 느려질 수 있어요. 이럴 때는 USB C to HDMI 케이블을 구입하여 활용하는 것을 추천해요.
> - 태블릿 거치대를 사용하여 태블릿의 높이와 텔레비전의 높이를 비슷하게 조절하면 아이들의 몰입에 도움이 될 수 있어요.

▲ USB C to HDMI 케이블

▲ 태블릿 거치대를 사용한 모습

한 걸음 더 나아가기

01. 쑥쑥 성장 기록

유아들은 자신이 매번 얼마나 더 잘했는지 혹은 어떤 부분에서 더 향상되었는지를 그래프로 직접 확인하면서 성취감과 자신감, 운동에 대한 긍정적인 인식을 가질 수 있습니다. 게임처럼 목표가 있고 결과가 보이는 활동은 유아들이 꾸준히 몸을 움직이고 싶도록 강한 동기를 부여하여 놀이 속에서 자연스럽게 건강한 신체 습관을 형성하도록 돕습니다.

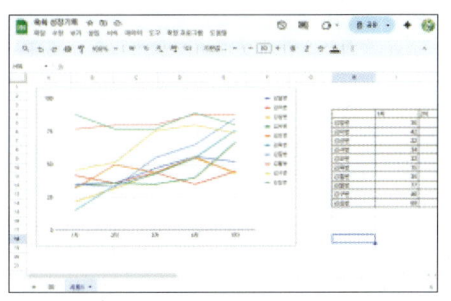
▲ 엑셀 시트에 작성한 쑥쑥 성장 기록

02. 전이 활동 및 준비운동

5~10분 정도의 짧은 전이 활동 시간에 진행하면 에너지를 조절하고 주의를 모으는 역할을 할 수 있습니다. 또한 체육 활동이나 실외 놀이 전에 액티브 아케이드를 활용하면 유아들이 지루해하기 쉬운 준비운동을 즐거운 게임처럼 경험하며 자연스럽게 몸을 풀 수 있습니다. 팔다리 흔들기, 몸통 돌리기, 점프하기 등 다양한 전신 움직임을 요구하는 게임을 선택하여 짧고 역동적인 준비운동 시간을 가지기 좋습니다.

▲ 액티브 아케이드를 활용한 전이 활동

03. 유·초 이음 활동

액티브 아케이드는 특정 연령대에 국한되지 않고 유아부터 초등학생에 이르기까지 다양한 연령의 어린이들이 각자의 발달 수준에 맞춰 즐길 수 있습니다. 이러한 유연성은 유·초 이음 활동에서 유아와 초등학교 학생들이 함께 액티브 아케이드 활동을 하며 자연스럽게 교류하고 협력하는 기회를 가질 수 있습니다.

▲ 액티브 아케이드로 함께하는 유·초 이음 활동

05-3 오토드로우를 활용한 그림 그리기

오토드로우는 유아가 대략적으로 그린 그림을 인공지능이 인식하여 전문가 수준의 다양한 이미지를 제안하고, 이를 선택하여 사용할 수 있도록 돕는 웹 기반 도구입니다. 복잡한 설치 없이 인터넷만 연결되면 바로 사용할 수 있어 미술 활동에 매우 유용하게 활용됩니다. 오토드로우는 그림 그리기 자체의 부담을 줄여주므로 유아들이 그림을 통해 생각을 표현하는 '비주얼 씽킹' 활동 등 다양한 교육 활동에 활용할 수 있습니다.

오토드로우의 기능 중 유아들의 창의성 발달과 놀이 기반 학습에 가장 효과적으로 활용될 수 있는 핵심 기능은 다음과 같습니다.

- **AI 그림 추천 기능**: 유아가 완벽하지 않은 그림을 그려도 인공지능이 이를 인식하여 전문가가 그린 듯한 그림 목록을 자동으로 추천해주는 기능
- **간단하고 직관적인 인터페이스**: 복잡한 설명 없이 매우 쉽고 단순하게 구성되어 있어 디지털 도구 사용에 익숙하지 않은 유아들이 즉시 활용하기 쉬움
- **파일 저장**: 유아들이 오토드로우로 그린 그림을 파일 저장 및 인쇄하여 색칠 도안으로 활용 가능

▲ AI 그림 추천 기능   ▲ 아이콘과 메뉴   ▲ 오토드로우로 만든 색칠 도안

오토드로우로 내가 그리고 싶은 것 그리기

　오토드로우는 유아들이 직접 원하는 그림을 그릴 수 있도록 돕는 활동입니다. 유아들이 그린 간단한 선이나 스케치도 인공지능의 도움을 받아 멋진 그림으로 완성됩니다. 따라서 그림 실력에 상관없이 누구나 쉽고 재미있게 마음속 상상을 표현할 수 있습니다. 유아들은 오토드로우를 통해 스스로 그린 그림을 보며 큰 성취감을 느끼게 될 것입니다. 오토드로우를 활용해 그림을 그리는 방법에 대해 안내드리겠습니다.

오토드로우 접속하기

01 인터넷이 연결된 컴퓨터나 태블릿, 스마트폰으로 웹 브라우저를 열고 접속합니다.
- https://www.autodraw.com

02 별도의 로그인이나 회원가입 절차 없이 바로 시작할 수 있습니다. 메인 화면의 ❶[Start drawing] 버튼을 클릭합니다.

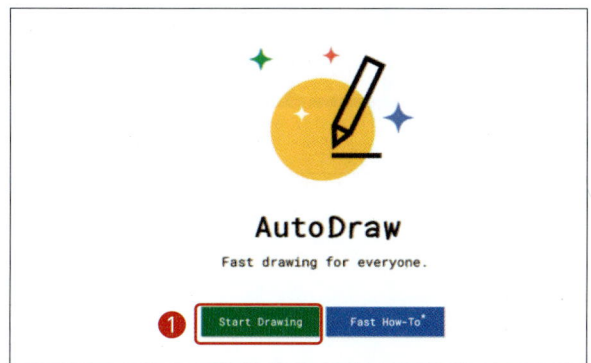

그림 그리기

01 마우스를 사용하거나 손가락(터치스크린 기기)으로 캔버스에 그리고 싶은 사물이나 동식물의 대략적인 형태를 그립니다.

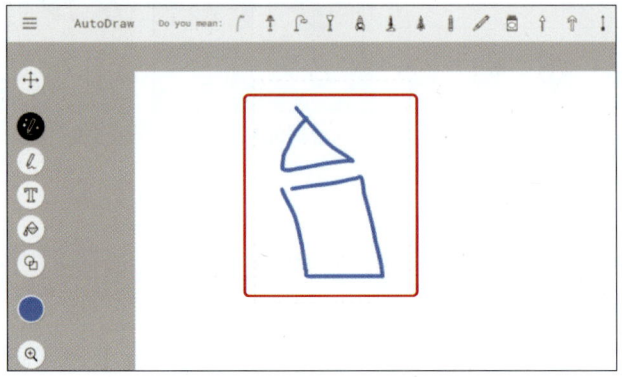

02 그림을 그리는 동안 화면 상단에 인공지능이 사용자의 그림 의도를 파악하여 예상되는 그림들을 자동으로 추천해 줍니다. 여러 전문가들이 그린 아이콘 형태의 그림들이 나타납니다. ❶[원하는 그림]을 클릭하면 인공지능이 추천한 그림으로 자동 교체됩니다.

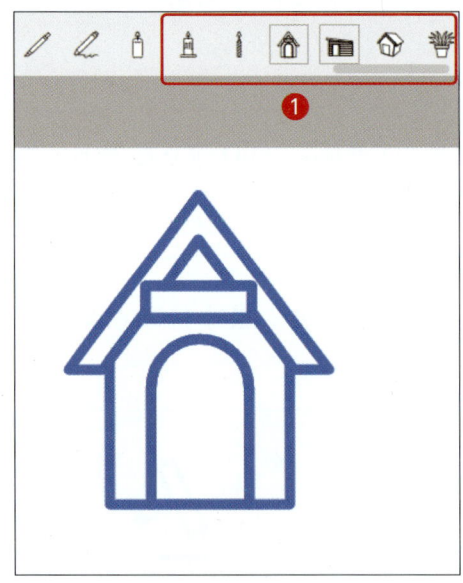

그림 수정 및 추가 요소 활용하기

01 ❶[페인트통] 아이콘 도구를 선택하여 그림의 색상을 변경할 수 있습니다.

02 ❶[도형] 도구를 사용하여 동그라미, 세모, 네모 등을 추가하거나 ❷[텍스트] 도구를 사용하여 Ⓐ그림에 설명을 넣을 수도 있습니다.

그림 저장 및 공유하기

01 그림을 완성했다면 화면 왼쪽 상단의 ❶[아이콘(메뉴)]을 클릭합니다. ❷[Download]를 선택하여 PNG 이미지 파일로 저장하거나 ❸[Share]를 선택하여 다른 사람에게 공유할 수 있습니다.

 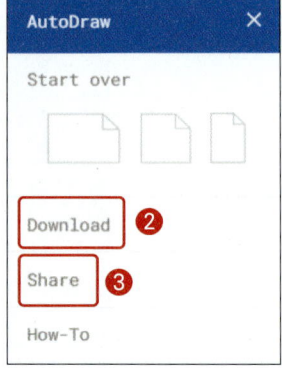

 활용 꿀팁
- ✓ AI 인식을 위해서 사물의 주요 특징을 스케치 하는 것이 좋아요.
- ✓ 손가락으로 AI 추천 이미지를 빠르게 넘겨보며 필요한 그림을 신속하게 탐색할 수 있어요.
- ✓ 핀치 줌으로 확대하여 세밀하게 색을 채우거나 편집하여 완성도를 높일 수 있어요.

한 걸음 더 나아가기

01. 우리 반 그림책 만들기

유아들이 좋아하는 이야기의 주인공, 배경, 소품 등을 간단하게 그린 그림을 오토드로우가 다양하고 전문적인 그림으로 변환시켜 줍니다. 이 변환된 그림들을 인쇄하여 오려 붙이거나 디지털 파일로 모아 유아들과 함께 그림책을 제작할 수 있습니다. 각 페이지마다 짧은 글을 덧붙여 유아들의 창의력을 동화 형태로 시각화하여 표현하는 경험을 제공할 수 있습니다.

▲ 상상 그림책

02. '무엇일까요?' 그림 퀴즈 & 비주얼 단어 카드 제작

특정 주제(예 동물, 과일, 교통수단)에 맞춰 유아들이 그린 그림을 오토드로우가 일러스트 형태로 완성해 줍니다. 완성된 그림들을 활용하여 "이것은 무엇일까요?" 같은 그림 퀴즈 놀이를 진행하거나 그림 아래에 단어를 적어 넣어 개념 학습을 위한 비주얼 단어 카드를 만들 수 있습니다. 오토드로우의 자동 완성 기능 덕분에 다양한 시각자료를 빠르고 효율적으로 제작하여 어휘력과 인지 발달을 지원할 수 있습니다.

▲ 그림 퀴즈&단어 카드

03. '나만의 작은 세상' 테마 공간 꾸미기

유아들이 꿈꾸는 세상(예: 우리 동네, 바닷속, 우주)을 주제로 정해 그 공간을 채울 집, 나무, 물고기, 로켓 등 다양한 사물들을 오토드로우로 그려볼 수 있습니다. 간단한 스케치만으로도 오토드로우가 이미지를 제공하므로 이를 인쇄하여 오려 붙이거나 자석 그림 등으로 만들어 테마에 맞는 공간을 직접 꾸미는 활동을 할 수 있습니다. 이 활동은 유아들의 공간 구성력과 표현력을 길러주고, 직접 창작물을 만들어내는 성취감을 느끼게 해줄 수 있습니다.

▲ 테마 공간 꾸미기

05-4 퀵 드로우를 활용한 그림 놀이

구글에서 개발한 온라인 게임인 '퀵 드로우'는 사용자가 그림을 그리면 인공지능이 그것이 무엇인지 맞혀 보는 흥미로운 방식으로 진행됩니다. 이 게임은 참여자가 그린 그림 데이터를 익명으로 수집하여 구글의 머신러닝 모델을 훈련시키는데 사용되며, 유아들에게 인공지능과 머신러닝의 기본 원리를 재미있게 경험하게 하는 교육적 가치를 지닙니다. 퀵 드로우는 유아가 인공지능이 사물을 인식하는 과정을 놀이처럼 이해하고, 기술에 대한 호기심을 키우며 창의적인 그림 표현을 통해 인공지능 시대를 살아갈 역량을 자연스럽게 기르도록 돕습니다.

유아들에게 적용될 수 있는 퀵 드로우의 핵심 기능들은 다음과 같습니다.

- **실시간 AI 추측 및 즉각적인 피드백:** 유아가 그림을 그리는 동안 인공지능이 "혹시... 자전거인가요?", "음... 집인 것 같네요!" 처럼 실시간으로 추측을 말해줍니다. 이 과정에서 유아들은 자신의 그림에 대한 즉각적인 피드백을 받으며 AI가 그림을 인식하는 과정을 놀이처럼 경험할 수 있습니다.
- **주어진 단어 그리기:** 퀵 드로우는 '자전거', '컵', '강아지' 등 명확한 대상을 그림으로 표현하도록 안내하여 유아들이 사물의 핵심 특징을 파악하고 그것을 시각적으로 표현하는 능력을 기르도록 합니다.
- **주어진 단어 외 주제 낱말 그리기:** 제시어가 아닌 유아에게 친근한 주제(우리 주변의 동물, 타고 다니는 것들, 좋아하는 음식 등)를 정해서 해당 주제에 맞는 사물 단어들을 그려볼 수 있습니다.

- **제한된 그리기 시간(20초):** 짧은 시간 안에 그림을 완성해야 하는 도전적인 요소는 유아들이 핵심 요소를 빠르게 포착하고 표현하는 순발력을 길러주는 동시에 완벽하게 그리지 않아도 되는 분위기를 형성할 수 있습니다.
- **AI의 인식 결과 확인:** 그림을 다 그린 후에는 AI가 자신의 그림을 정확히 인식했는지, 혹은 어떤 다른 사물과 헷갈렸는지를 보여줍니다. 이를 통해 유아들은 자신의 그림을 다시 살펴보며 '어떻게 그렸으면 AI가 더 잘 알았을까?' 하고 생각해보는 기회를 가져볼 수 있고, 같은 사물에 대한 다른 참여자들의 다양한 표현을 보면서 나와 다른 생각과 표현을 감상할 수도 있습니다.
- **다국어 지원:** 다양한 언어를 지원하고 있어 영어, 한국어 등 다른 나라의 언어로 단어를 접하며 이중 언어 노출 환경을 경험할 수 있다는 장점도 있습니다.

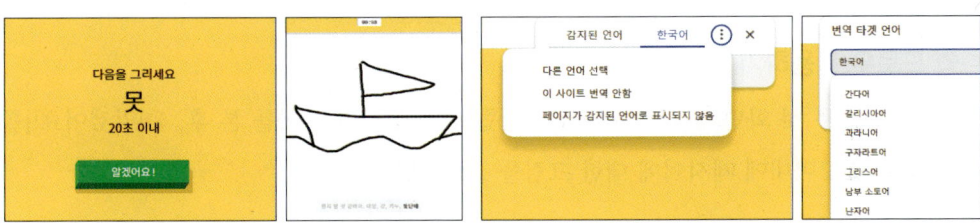

▲ 제시어가 아닌 그림을 그려 AI 반응 관찰하기　　　　▲ 다국적 언어 지원

퀵 드로우로 인공지능 만나기

퀵 드로우는 유아들에게 인공지능 시대를 위한 특별하고 즐거운 배움을 선사합니다. 이 게임은 유아들이 그림을 그리며 자신의 생각을 시각적으로 표현하고, 인공지능이 그것을 이해하는 과정을 경험하며 창의적인 문제 해결 능력을 기르도록 돕습니다. 즉각적인 피드백을 통해 어휘력과 개념 이해를 확장하며 기술에 대한 긍정적인 호기심과 미래 시대에 필요한 디지털 리터러시의 기초를 자연스럽게 다질 수 있습니다. 유아들은 퀵 드로우를 통해 놀이 속에서 기술과 상호작용하며 즐거운 배움의 효과를 얻게 될 것입니다.

퀵 드로우 접속 및 로그인하기

01 PC 또는 모바일의 구글 앱에 ❶[퀵 드로우] 검색한 후 화면에서 ❷[Quick, Draw!]를 클릭합니다.

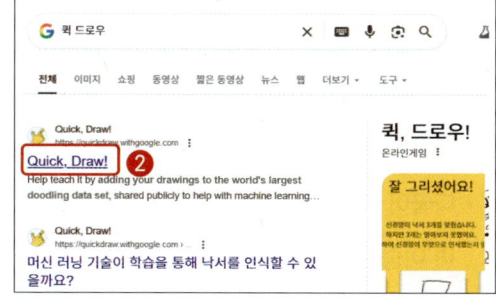

퀵 드로우 활용하기

01 퀵 드로우 첫 화면 ❶[시작하기]를 클릭합니다. 제시된 단어를 본 후, ❷[알겠어요!]를 누릅니다. 20초 이내에 제시어에 대한 그림을 그립니다.

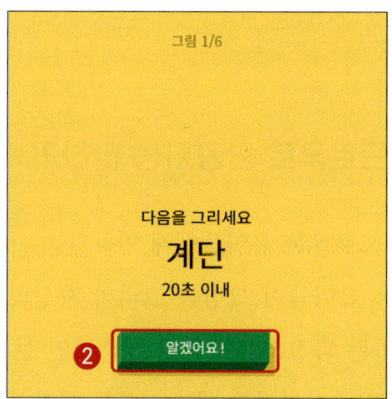

02 제시된 6개의 그림을 그린 후 신경망이 무엇으로 인식하는지 확인할 수 있습니다.

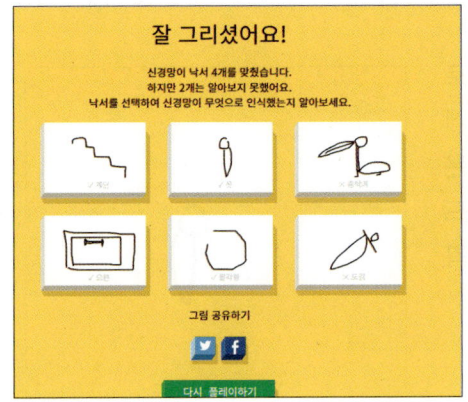 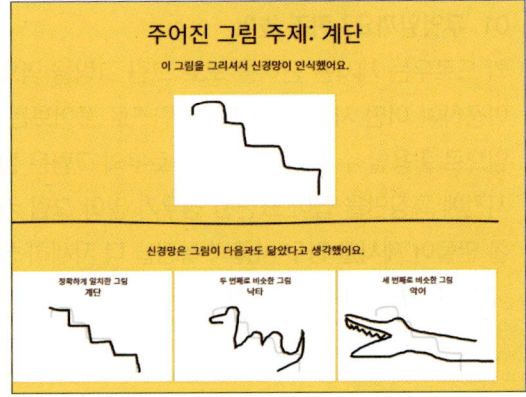

> 🔊 **활용 꿀팁**
>
> ✓ 퀵 드로우는 컴퓨터나 모바일에서 별도의 가입이나 로그인 없이 바로 사용이 가능하며 조작이 간단해 유아들이 스스로 놀이로 진행할 수 있어요.
> ✓ 전자칠판이 있다면 대그룹 활동으로 진행할 수 있고, 2~3명의 유아가 하나의 그림을 번갈아 그리는 협동활동으로 진행할 수 있어요.
> ✓ TV와 연결하거나 빔프로젝터 및 터치스크린을 이용하여 큰 화면으로 활동하면 좋아요.
> ✓ 유아들이 그린 그림을 모아 교실 벽면에 전시할 수 있어요.

한 걸음 더 나아가기

01. 무엇일까요? 퀴즈 놀이

퀵 드로우는 제시된 단어를 보고 그린 그림을 역으로 이용하여 어떤 사물을 그렸는지 퀴즈로 풀어보는 게임으로 활용할 수 있습니다. 퀵 드로우의 그림은 짧은 시간에 특징만을 잡아 표현된 경우가 많아 그림 카드를 만들어 제시할 경우 사물의 특징을 더 자세히 생각해 볼 수 있는 기회를 제공합니다.

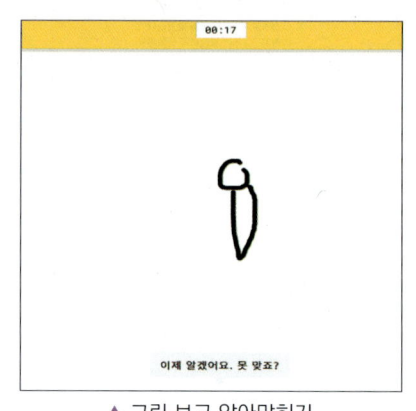

▲ 그림 보고 알아맞히기

02. 퀵 드로우로 만든 메모리게임

퀵 드로우의 신경망에 인식된 비슷한 그림들을 메모리카드로 만들 수 있습니다. 비슷한 그림들의 공통점과 차이점을 관찰을 통해 구분할 수 있어 관찰력과 집중력 향상에 좋은 놀이 도구로 활용할 수 있습니다.

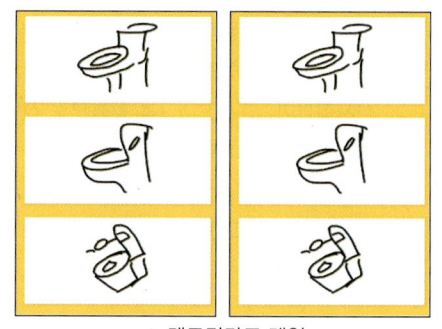

▲ 메모리카드 게임

03. AI야~ 내 생각을 알아맞혀 봐

퀵 드로우의 신경망에 주어진 단어 외에 유아들이 자유롭게 상상하는 동화 속 인물이나 캐릭터, 미래의 발명품 등을 그려보고 AI가 맞힐 수 있는지 시도해 볼 수 있습니다. AI가 알아맞히지 못해도 유아들이 그림으로 그리고 설명하는 과정 자체를 격려해 주는 활동으로 창의력과 스토리텔링 능력을 향상시킬 수 있습니다.

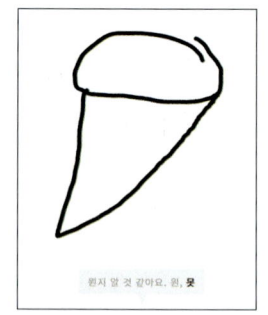

▲ 공룡 이빨을 그렸으나 AI는 '못'으로 인식

05-5 북크리에이터를 활용한 그림책 제작 놀이

유아들의 생각과 경험을 창의적으로 표현하고 기록하는 과정은 매우 중요합니다. 북크리에이터는 글과 그림, 사진, 음성을 결합하여 유아가 자신만의 이야기를 한 권의 책으로 담아낼 수 있도록 합니다. 수정과 편집이 자유롭다는 북크리에이터의 장점은 유아들이 두려움 없이 다양한 시도를 할 수 있도록 도와줍니다. 또한 학급문집, 그림책, 앨범 제작 등 다양한 방법으로 활용할 수 있어 놀이와 활동의 깊이를 더해줍니다.

북크리에이터의 유용한 기능으로는 다양한 입력 방식 지원, 음성 검색 및 녹음, 직관적인 편집 아이콘 등이 있습니다. 이 기능을 활용하여 유아의 창의력과 표현력을 확장시키는 다양한 놀이 및 활동이 가능합니다.

- **다양한 입력 방식 지원:** 글, 그림, 사진, 음성 녹음을 활용해 유아가 원하는 방식으로 책을 구성할 수 있습니다. 캔바와 구글 드라이브 등 다양한 앱과 연동하여 풍부한 템플릿 및 자료를 활용할 수 있습니다.
- **음성 검색 및 녹음:** 쓰기에 서툰 유아들도 음성으로 필요한 자료를 검색하고 활용할 수 있습니다. 또한 유아의 목소리로 이야기나 설명을 담은 책 제작이 가능합니다.
- **직관적인 편집 아이콘:** 드래그 앤 드롭 방식으로 쉽게 제작할 수 있어 유아들의 흥미와 참여도가 높고, 글씨 크기와 배경, 이미지 배열을 간단히 조정할 수 있어 유아와 교사가 함께 작업하기 편리합니다.

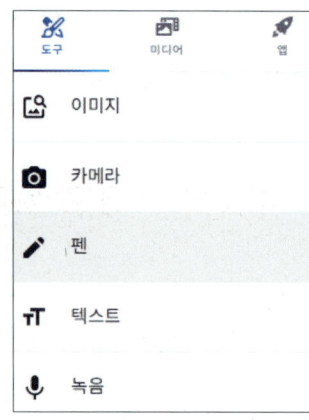  

▲ 다양한 입력 방식 지원　　▲ 음성 검색 및 녹음　　▲ 직관적인 편집 아이콘

북크리에이터를 활용한 장래희망 책 만들기

　북크리에이터를 활용한 책 만들기는 유아가 내용을 구상하고 표현하며 스스로 생각을 구체화할 수 있도록 도와줍니다. 유아는 다양한 이미지와 배경을 활용하며 상상력을 확장하고 창의적인 표현력을 기를 수 있습니다. 다음은 장래희망 책 만들기를 예로 들어 단계별 과정을 따라 해보겠습니다.

북크리에이터 접속 및 로그인하기

01　PC 또는 모바일에서 북크리에이터(Book Creator)에 접속합니다.

02　❶[로그인]합니다. 로그인을 위해 Google 혹은 Microsoft 계정이 필요합니다.

책 모양 설정하기

01 오른쪽 상단에 있는 ❶[+새 책]을 클릭합니다. 다양한 형태의 책이 나타납니다. 만들고자 하는 책을 선택합니다. 여기서는 ❷[가로 4:3]을 선택하겠습니다.

 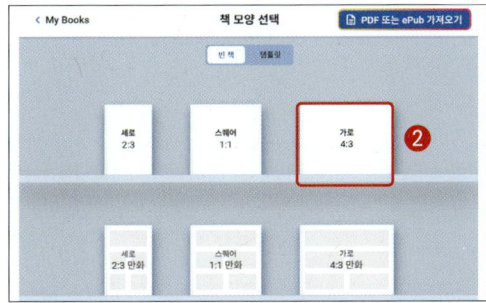

책 표지 만들기

01 ❶[+]를 클릭 후 ❷[펜]을 선택합니다. Ⓐ여러 종류의 펜이 나타납니다. 펜의 종류, 굵기, 색을 선택하여 제목을 작성하고 그림을 그려 표지를 디자인합니다. 오토드로우 펜은 유아가 그린 그림을 자동으로 완성시킵니다. 작업을 마친 후에는 ❸[완료]를 클릭합니다.

 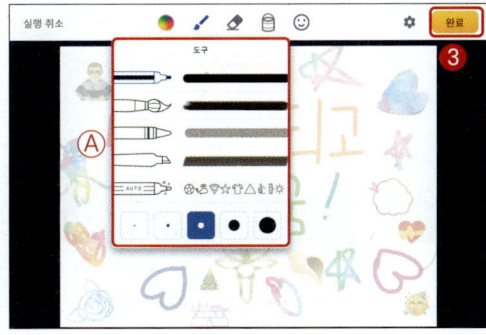

사진 촬영 및 삽입하기

01 ❶[+]을 클릭하면 다음 장으로 넘어갑니다. 오른쪽 상단의 ❷[+]을 클릭 후 ❸[카메라]를 선택합니다.

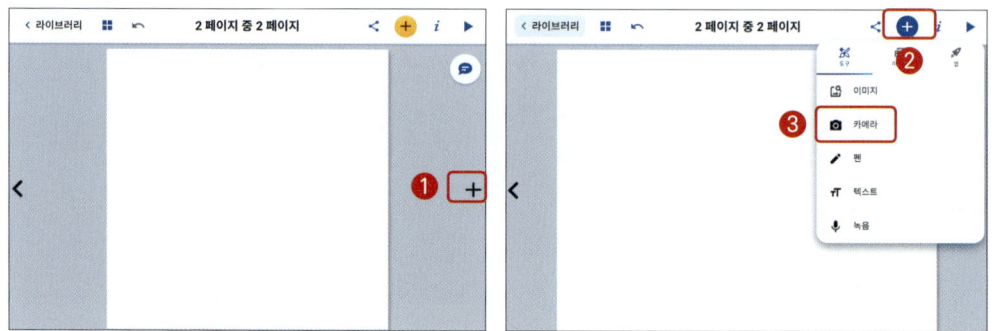

02 ❶[사진 찍기]를 클릭하여 사진을 찍습니다. 사진을 사용하고자 하는 경우 ❷[그림 사용]을 선택합니다. Ⓐ카메라로 찍은 사진이 페이지에 삽입된 것을 확인할 수 있습니다.

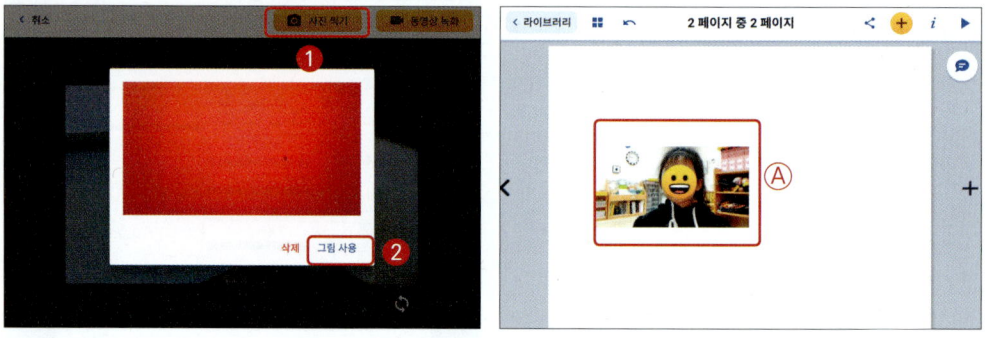

이미지 삽입하기

01 ❶[+]를 클릭 후 ❷[이미지]를 선택하면 이미지 검색창이 나타납니다.

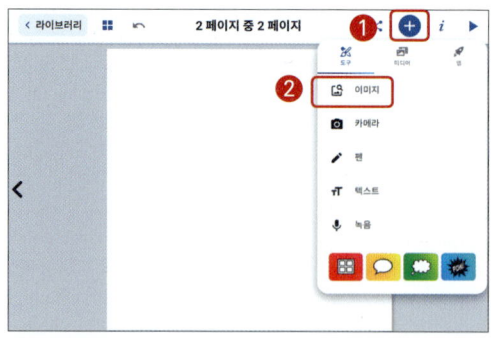

02 ❶[검색창]에 원하는 이미지를 검색합니다. 이미지를 선택 후 ❷[추가]를 클릭하면 페이지에 삽입됩니다.

책 꾸미기

01 ❶[+]를 클릭 후 ❷[펜]을 선택합니다. 도구 중 ❸[이모지]와 ❹[펜]을 활용하여 책을 편집합니다. 작업을 마친 후에는 ❺[완료]를 클릭합니다.

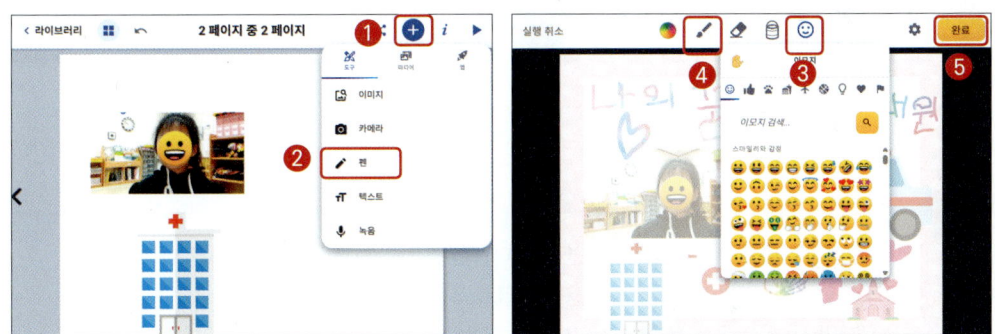

저장 및 책 재생하기

01 북크리에이터는 작업 내용이 자동 저장됩니다. 작업을 마친 후 ❶[라이브러리]를 클릭하면 완성된 책이 라이브러리에 보관됩니다.

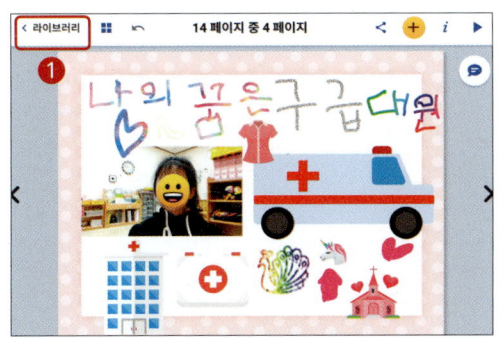

02 라이브러리의 책을 재생하고자 한다면 원하는 ❶[책]을 선택한 후 ❷[▶]를 클릭합니다. ❸[읽어주기]를 선택하면 책이 자동으로 재생됩니다.

활용 꿀팁

- ✓ '앱' 도구에서 캔바와 연동하여 편집하면 더욱 다양한 템플릿과 이미지, 글꼴을 사용할 수 있어요.
- ✓ 유아들과 활동 시 PC보다 태블릿을 활용하면 글과 그림을 그리기 수월해요.
- ✓ 교사 로그인 시 '학생 초대'를 하여 라이브러리를 관리할 수 있어요.
- ✓ 무료 요금제 이용 시 라이브러리는 1개 사용 가능해요. 단, 하나의 라이브러리 안에서 다수의 책을 제작할 수 있어요.

한 걸음 더 나아가기

01. 학급 문집 제작하기

유아들이 한 해 동안 경험한 활동과 놀이, 행사, 친구와의 소소한 추억을 하나의 책으로 기록할 수 있습니다. 이를 담은 학급 문집을 통해 유아들은 1년간의 성장을 돌아보고 성취감을 느낍니다. 더불어 함께 생활한 친구들에게 마음을 전하는 짧은 편지를 녹음하여 책 속에 담으면 졸업 후에도 언제든지 친구들의 목소리를 듣고 추억할 수 있습니다.

▲ 생태 놀이 사진 기록

02. 나도 작가! 상상 동화책 만들기

유아가 읽은 동화를 바탕으로 이야기를 이어 만들거나 상상하여 재구성합니다. 또는 주제를 가지고 여러 유아가 협력하여 하나의 동화책을 만들 수 있습니다. 수정과 편집이 자유롭기 때문에 여러 방법을 시도할 수 있어 유아들이 서로 다른 생각을 표현하고 조정하는 과정을 반복하며 의견을 수합하고 갈등에 대처하는 방법을 익힐 수 있습니다.

▲ '겨울바람의 모험' 동화 짓기

03. 자연물 탐구 일지

텃밭 식물 관찰 일지를 북크리에이터로 제작하면 유아들이 기록한 내용이 누적 저장되어 이전의 관찰 내용과 비교하며 자연물을 탐구할 수 있습니다. 누적된 기록은 교사가 유아의 탐구 관점을 파악하고 적절한 지원을 제공하는 데 도움이 됩니다.

▲ 텃밭 관찰 일지 기록하기

05-6
ZOOM 가상 배경으로 즐기는 크로마키 놀이

　ZOOM은 교실과 교실, 기관과 기관을 연결해 주는 창구로 활용됩니다. 이를 통해 도시와 농촌 유치원이 짝을 맺어 함께 놀이에 참여하거나 유치원과 초등학교, 지역사회의 협력 기관과도 쉽게 만날 수 있습니다. 유아들은 자신의 교실에 앉아 있으면서도 멀리 떨어진 친구나 선생님과 대화하고 놀이할 수 있는 특별한 경험을 하게 됩니다. 또한 이동이 어렵거나 시간이 제한적인 경우에는 ZOOM을 통한 온라인 현장학습을 진행할 수도 있습니다. 직접 가기 힘든 장소라도 화면을 통해 함께 체험하는 과정은 유아들에게 새로운 배움의 기회를 제공합니다.

　나아가 ZOOM은 가상 배경 기능을 활용해 크로마키 놀이로 확장할 수 있습니다. 동화 속 장면이나 바닷속 풍경을 배경으로 띄우면 유아들은 마치 그 공간에 들어가 있는 듯한 느낌을 받게 됩니다. 역할극이나 이야기 활동을 진행하면 유아들의 상상력과 몰입감이 한층 커지고 언어적 표현력, 창의력, 사회성을 기를 수 있는 의미 있는 교육 활동으로 이어집니다. 이러한 ZOOM의 크로마키 놀이는 다음과 같은 기능을 통해 진행할 수 있습니다.

- **가상 배경 기능:** 원하는 이미지나 동영상을 배경으로 설정할 수 있어 유아들이 특정 공간에 들어간 듯한 체험을 할 수 있음
- **녹색 화면(그린 스크린) 옵션:** 실제 녹색 천을 설치하면 배경과 합성이 더 선명하고 자연스럽게 이루어짐
- **배경 필터 기능:** 단순한 배경 전환뿐 아니라 다양한 색감이나 재미있는 효과를 넣어 놀이 몰입도를 높일 수 있음

- **화면 공유 기능**: 교사가 동화책 그림이나 동영상을 직접 공유해 유아들이 배경 속에 들어간 듯한 상황에서 이야기를 이어갈 수 있음
- **녹화 기능**: 역할놀이 장면을 영상으로 기록해 두면 유아들과 함께 다시 감상하거나 다른 학급 및 학부모와 공유할 수 있음

▲ 가상 배경 기능

▲ 배경 필터 기능

▲ 아바타 기능

역할놀이 가상 배경 설정하기

가상 배경 설정은 특별한 장비 없이도 가장 손쉽게 유아의 역할놀이를 지원할 수 있는 기능입니다. 배경을 바꾸는 것만으로도 놀이가 더욱 생동감 있게 변합니다. 이제 ZOOM의 가상 배경 기능을 활용해 크로마키 놀이를 어떻게 할 수 있는지 함께 따라 해볼까요?

PC에서 ZOOM 접속하기

01 태블릿에서도 ZOOM 앱을 통해 접속할 수 있지만, 추후 '녹화 기능'을 사용하려면 교사가 PC에서 회의를 시작하는 것이 좋습니다. PC 화면에서 ❶[ZOOM] 앱을 클릭하여 실행합니다. 만약 PC에 앱이 설치되어 있지 않다면 인터넷 검색을 통해 ZOOM을 다운로드한 뒤 설치해 줍니다.

로그인하기

01 처음 사용하는 경우에는 회원가입을 진행한 뒤 로그인합니다. 이미 계정이 있다면, 아이디와 비밀번호를 입력하거나 구글이나 네이버 등 외부 계정으로 간편 로그인할 수 있습니다.

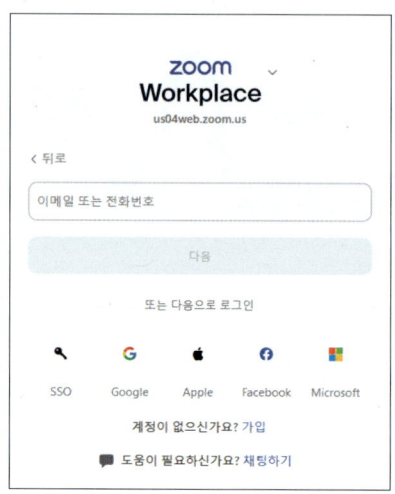

회의 ID 생성하기

01 화면에서 '새 회의' 아이콘 아래에 있는 화살표 ❶[V]를 클릭합니다. Ⓐ개인 회의 ID(PMI) 10자리 번호를 확인해 기억해 둡니다. 그다음 ❷[새 회의] 아이콘을 누릅니다.

02 새로운 창이 뜨면 화면을 확인한 후 ❶[시작]을 클릭해 회의를 엽니다.

태블릿에서 ZOOM 접속하기

01 '회의 참가' 기능을 통해 유아와 함께 사용할 태블릿을 접속시킵니다. 태블릿에서도 마찬가지로 화면에서 ❶[ZOOM] 앱을 클릭하여 실행합니다.

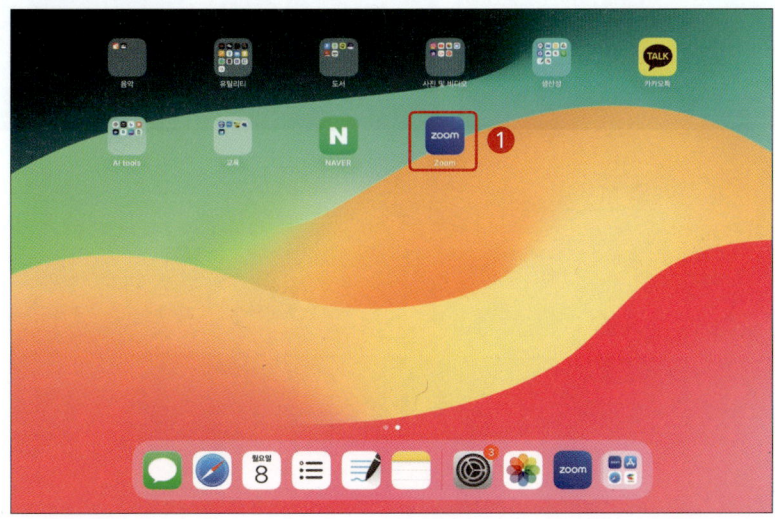

02 태블릿 화면에서 ❶[참가]를 클릭합니다. 열린 창에 ❷[회의 ID] 10자리 번호를 입력한 뒤 ❸[참가] 버튼을 누릅니다. 이후 비디오 및 오디오 설정 여부와 배경을 확인할 수 있는 창이 나타납니다. 마지막으로 ❹[참가]를 클릭하면 회의에 입장할 수 있습니다.

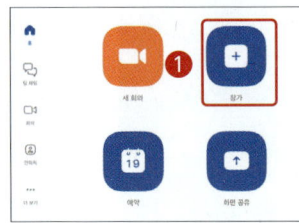 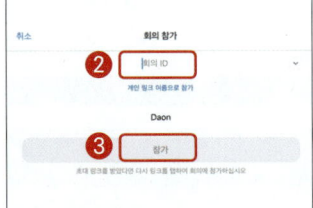 

태블릿에서 가상 배경 설정하기

01 우측 하단에서 ❶[더 보기]를 클릭한 뒤, ❷[배경 및 효과]를 선택합니다. 이후 Ⓐ다양한 배경 이미지를 살펴볼 수 있습니다. 유아가 직접 태블릿을 사용해 배경과 필터를 고르면 이를 놀이의 배경으로 활용하도록 지원할 수 있습니다.

사진 앨범에서 가상배경 불러오기

01 배경 및 효과 창에서 ❶[+] 버튼을 클릭하면, 태블릿에 저장된 사진앨범에서 원하는 배경 이미지를 불러올 수 있습니다. 선택한 이미지는 바로 가상 배경으로 적용됩니다.

태블릿에서 비디오 필터 적용하기

01 배경 및 효과 창에서 ❶[비디오 필터]를 클릭한 뒤, 원하는 Ⓐ필터를 선택하면 즉시 반영됩니다.

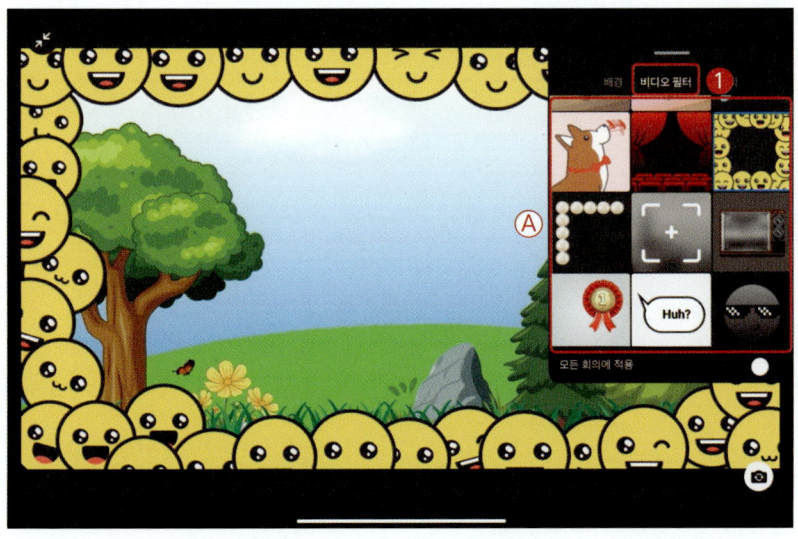

PC에서 녹화하기

01 '녹화 기능'은 PC에서만 지원되므로 반드시 PC에서 실행해야 합니다. 회의 화면 하단 메뉴에서 ❶[녹화] 버튼을 클릭하면 현재 화면이 녹화됩니다. 회의가 종료되면 녹화 영상은 PC에 저장됩니다.

> **활용 꿀팁**
> - 캔바(Canva)를 활용해 놀이 배경으로 활용할 만한 이미지를 미리 찾아 배경 창에 넣어두면 유아들이 직접 자신들의 놀이 배경을 선택하며 즐겁게 참여할 수 있어요.
> - 유아들이 함께 읽은 그림책을 바탕으로 역할극을 하고 싶어 한다면 그림책 장면을 태블릿으로 촬영해 가상 배경으로 활용할 수 있어요.
> - 줌(ZOOM)에서 배경 및 효과는 발표자 1명에게만 적용돼요. 친구들과 함께 촬영하지 못해 아쉽지만 1명씩 번갈아 녹화하면 우리만의 새로운 동화 이야기를 제작하는 색다른 경험을 할 수 있을 거예요.
> - 가상 배경 기능만으로도 유아의 모습이 배경과 잘 구분되지만, 더 선명한 합성을 원할 경우에는 그린 스크린(녹색 천)을 함께 사용해 보세요.
> - 유아들의 크로마키 놀이에 배경음악을 더하고 싶다면 PC에서 음원 파일을 재생한 뒤 [화면 공유]-[고급]-[컴퓨터 오디오만 공유]를 선택하세요. 컴퓨터 작업 화면은 공유되지 않고 음악 소리만 태블릿 참가 유아에게 전달되어 놀이의 현장감을 높일 수 있어요.
> - 녹화 시간이 길어서 유아들이 중간에 집중하기 어렵다면 짧게 나누어 녹화한 뒤 영상을 이어 붙이는 방법도 괜찮아요.

한 걸음 더 나아가기

01. 다른 교육기관과 놀이를 공유해요.

줌(ZOOM)을 활용하면 다른 유치원이나 초등학교, 어린이집과 같은 교육기관과 실시간으로 놀이를 나눌 수 있습니다. 예를 들어 우리 반이 진행한 역할놀이, 동화극, 노래 활동을 영상으로 연결하여 보여주면 다른 기관의 친구들이 함께 감상하거나 질문을 할 수 있습니다. 이러한 경험은 유아들이 자신의 놀이를 더 소중히 여기고, 또래와의 교류를 통해 협력과 배려를 배울 수 있는 기회가 됩니다.

▲ 줌(ZOOM)으로 놀이 공유하기

02. 줌(ZOOM)으로 발표회 영상을 녹화해요.

줌의 가상 배경과 녹화 기능을 활용하면 발표회를 손쉽게 기록할 수 있습니다. 유아들은 순서대로 나와서 동시, 노래, 스피치 발표 등을 진행하고, 교사는 이를 녹화하여 자료로 남길 수 있습니다. 녹화된 영상은 학부모와 공유하거나 유아 스스로 발표 장면을 되돌아 볼 수 있습니다.

▲ 발표회 영상 촬영하기

03. 줌(ZOOM)으로 온라인 현장학습을 떠나요.

놀이를 하다 보면 예정에 없던 체험학습이 필요할 때가 있습니다. 유아들은 온라인을 통해 다양한 현장을 만날 수 있습니다. 예를 들어 지역 도서관, 박물관 등과 연결해 현장에 있는 선생님이나 안내자의 설명을 들으며 질문도 할 수 있습니다. 이러한 온라인 현장학습은 이동의 불편과 안전 문제를 최소화하면서도 유아가 실제 현장을 만난 듯한 생생한 경험을 제공하여 학습 효과를 높여 줍니다.

▲ 줌(ZOOM)으로 현장학습 기관 방문하기

05-7 애니메이티드 드로잉으로 움직이는 그림놀이

애니메이티드 드로잉을 통한 움직이는 그림놀이는 유아의 풍부한 상상력과 창의력을 자극하고, 자기 생각과 감정을 시각적으로 자유롭게 표현하는 기회를 제공합니다. 이 과정에서 유아는 움직임의 원리와 시간의 흐름을 자연스럽게 이해하며 인지적 발달을 도모하고, 복합적인 사고력을 키우게 됩니다. 또한, 자신만의 이야기를 시각적으로 구성하고 전달하며 문제 해결 능력을 함양하게 됩니다. 이는 유아의 미적 감각과 협업 능력을 발달시키고, 즐거움 속에서 배움을 경험하게 하는 중요한 교육적 경험이 됩니다.

- **스토리텔링 중심의 그림 그리기:** 유아가 상상하는 이야기나 경험을 바탕으로 캐릭터와 배경을 그리고 그 스토리에 맞춰 움직임을 선택합니다.
- **움직임 관찰 및 모방:** 주변 사물 또는 사람이나 동물, 자신이 상상하는 캐릭터의 움직임을 인식하거나 관찰한 뒤 그림으로 표현하고 애니메이션으로 만들어보며 움직임의 특성과 속도를 이해하도록 돕습니다.
- **영상 그림책 만들기:** 유아가 선택한 주인공(사람 또는 동물 등 다양한 주제) 캐릭터의 움직임에 변화를 주어 영상 그림책으로 감상할 수 있습니다.
- **협동 애니메이션 프로젝트:** 여러 유아가 함께 장면을 나누어 그림을 그리고, 이를 합쳐 하나의 애니메이션을 완성하는 협동 활동을 할 수 있습니다.
- **결과물 공유 및 소통:** 완성된 애니메이션을 함께 보고 이야기를 나누며 표현력과 소통 능력을 증진시킬 수 있습니다.

▲ 스토리텔링 그림 그리기   ▲ 캐릭터를 통한 움직임 표현하기   ▲ 결과물 공유하기

애니메이티드 드로잉을 활용한 움직이는 그림놀이

애니메이티드 드로잉을 활용한 움직이는 그림놀이는 유아들의 상상력을 현실로 이끌어 내며 창의적 사고력을 크게 증진시킵니다. 자신만의 이야기를 구성하고 움직임을 표현하는 과정을 통해 문제 해결 능력과 섬세한 표현력을 자연스럽게 기르게 됩니다. 이처럼 시각적 요소와 동작을 융합하는 경험은 유아들의 몰입도를 높이고, 완성된 작품을 보며 큰 성취감을 느끼게 해줍니다. 특히 소노(SONO), 클로바노트(ClovaNote)와 같은 음성지원 도구를 융합하여 더욱 생동감 있는 작품을 만들며 완성도를 높일 수 있습니다.

애니메이티드 드로잉 접속하기

01 카메라 기능이 있는 PC 또는 모바일 네이버 검색창에 '애니메이티드 드로잉'을 검색 후 접속하거나 모바일 앱으로 다운로드 후 사용합니다.

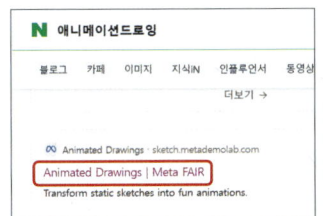 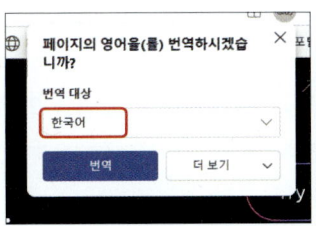 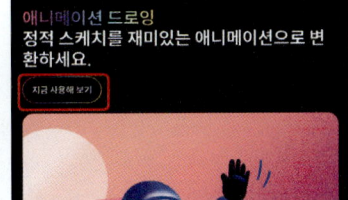

▲ 검색창에 '애니메이티드 드로잉' 클릭   ▲ 번역창이 뜨면 '한국어' 선택 후 '지금 사용해 보기' 클릭

작업 준비하기

01 동의 창이 뜨면 ❶[받아들이다]를 클릭합니다.

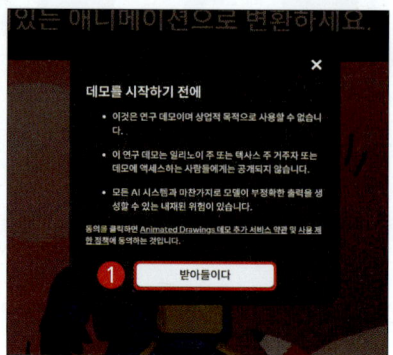

02 도면 업로드 방법을 참고한 후 ❶[사진 업로드]를 선택합니다.

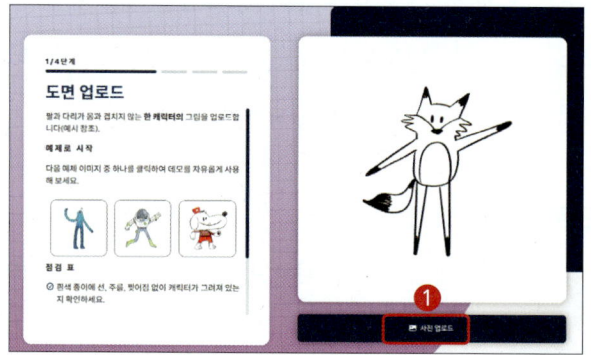

사진 선택하기

01 ❶[사진 보관함] 또는 [사진 찍기]를 선택하여 그림을 업로드합니다.

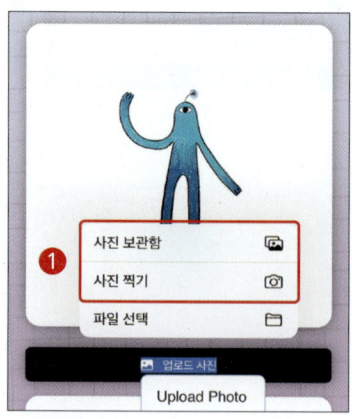

02 원하는 사진을 선택한 후 ❶[완료]를 클릭합니다.

03 선택한 사진으로 작업할 경우 ❶[Next →]를 눌러 작업을 진행합니다. 다른 사진을 선택하고 싶은 경우 ❷[Retake]를 클릭합니다.

애니메이션 효과를 위한 움직임 선 정리하기

01 선택한 사진의 작업할 범위를 결정하고 ❶[Next →]를 클릭합니다. 범위 재설정을 원하는 경우 ❷[Previous]를 누릅니다

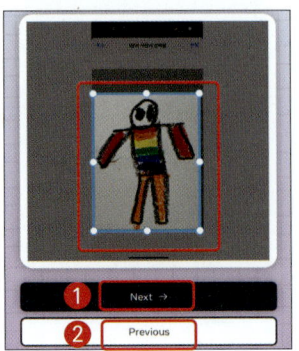

02 ❶[연필 아이콘]을 클릭하여 움직임으로 활성화할 부분을 밝게 칠해주고, 비활성화할 부분은 ❷[지우개 아이콘]을 클릭하여 어두운 색으로 칠해줍니다. 해당 작업이 끝나면 ❸[Next →]를 누릅니다.

03 관절의 움직임을 표시하는 ❶[동그라미 점]의 위치를 확인 후 ❷[Next →]를 선택합니다.

움직임 선택하기

01 메뉴에서 ❶[테마]를 선택 후 원하는 ❷[움직임]을 클릭합니다.

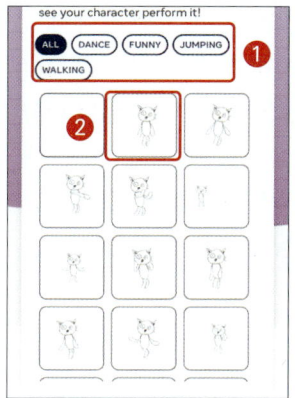

02 화면 확인 후 처음부터 다시 시작하려면 ❶[Start Over], 저장이나 공유를 원한다면 ❷[Share], 캐릭터나 애니메이션 동작을 수정하고 싶다면 ❸[Edit]를 클릭합니다.

> **활용 꿀팁**
> ✓ 애니메이티드 드로잉은 네이버로 접속한 경우 광고 없이 작업이 가능하나 애니메이티드 드로잉 앱에서 바로 작업을 진행하는 경우에는 중간에 광고가 진행되니 유의해야 해요.
> ✓ 유아들에게 패드를 제공한다면 유아들이 움직이는 그림 놀이에 더욱 즐거움을 느낄 수 있어요.

한 걸음 더 나아가기

01. 우리 반의 움직이는 동화

유아들이 만든 학급의 캐릭터를 활용하여 'OO반 창작 애니메이션 동화'를 만들 수 있습니다. 유아들이 직접 그린 캐릭터를 배경에 삽입하고 여기에 배경음악 또는 유아들의 대사가 녹음된 음성 파일을 융합한다면 생생한 음성이 더해진 애니메이션 동화가 완성됩니다. 이 과정에서 유아는 또래와 협력하는 태도를 기르고 자신들의 손으로 만든 작품에 대한 성취감을 느낄 수 있습니다.

▲ 동화 배경에 애니메이션 삽입한 동화

02. 움직이는 캐릭터 전시회

애니메이티드 드로잉을 통한 '나만의 캐릭터' 만들기는 유아들의 개성과 상상력을 담아내는 다채로운 표현 활동으로 확장할 수 있습니다. 이렇게 탄생한 캐릭터들을 모아 다른 학급 친구나 동생반과 함께하는 '캐릭터 전시회' 활동으로 전개한다면 교육적 가치를 더욱 높일 수 있습니다. 예를 들어, 자신의 캐릭터를 그림으로 그려 동생에게 선물하거나 움직이는 캐릭터 애니메이션 동화를 상영하는 등의 활동은 유아들이 타인을 존중하고 작품을 올바르게 감상하는 태도를 자연스럽게 경험할 수 있습니다.

▲ 자기소개에 캐릭터 활용하기

03. 내가 만든 캐릭터를 소개해요

유아들이 애니메이티드 드로잉으로 만든 캐릭터의 움직임과 음성을 유치원 시설 소개나 유아의 자기소개하기에 활용한다면 특별한 영상을 제작할 수 있습니다. 또한 유아들은 자신들의 작품이 유치원의 공식적인 얼굴로 소개되는 경험을 통해 큰 자부심을 느낄 수 있습니다.

▲ 캐릭터 소개

요즘 교사를 위한 추천 도서

그리와 로미의 구글탐험대
학생들을 위한 Google·
AI·디지털·스마트교육
학습서
김학민 외 공저
332쪽 | 22,000원

교실에서 바로 쓰는 퀴즈 평가 플랫폼
박정수, 전병호 공저
312쪽 | 18,800원

요즘 선생님을 위한 챗GPT 업무 활용법
유수근 외 공저
344쪽 | 18,800원

교사를 위한 실무 한글 학교 업무 효율성 높이는 66제
한동규 저
257쪽 | 17,700원

교실에서 바로 쓰는 캔바/캔바AI로 수업디자인하기
안익재 저
253쪽 | 16,800원

선생님을 위한 캔바 수업 활용
김민주 저
340쪽 | 18,800원

교사를 위한 패들렛
안익재 저
197쪽 | 16,800원

교사를 위한 스프레드시트 활용 가이드 구글 시트로 스마트한 학교 만들기
지미정 외 공저
400쪽 | 24,400원

요즘 교사를 위한 추천 도서

선생님을 위한
노션
실전기초/수업활용/
학생관리/업무관리/
업무자동화/노션AI
임세범 저
318쪽 | 21,800원

입상 교사만 아는 아무도 말해주지 않은
수업혁신사례연구대회 1등급의 비밀
임은빈 외 공저
352쪽 | 24,000원

초등 개념기반
탐구수업
서술형평가
설계와 실천
진경오 저
356쪽 | 21,000원

선생님을 위한
교육용 AI 챗봇
활용법
임세범 외 공저
352쪽 | 22,500원

교실에서 바로 쓰는
챗GPT 교사 활용법
유수근 저
304쪽 | 19,800원

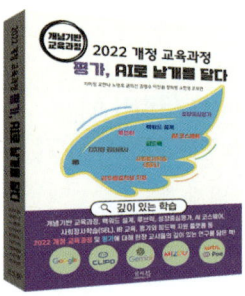

2022 개정 교육과정
평가, AI로
날개를 달다
지미정 외 공저
353쪽 | 21,000원

교실에서 바로 통하는
배움중심수업
에듀테크와 AI로
확! 잡자
유수근 저
196쪽 | 15,500원

"OECD 교육 2030" & "2022 개정 교육과정"
미래 교육 나침반
지미정 저
353쪽 | 17,700원